赵玉平说
职场智慧

赵玉平 —— 著

民主与建设出版社

·北京·

© 民主与建设出版社，2022

图书在版编目（CIP）数据

赵玉平说职场智慧 / 赵玉平著 . -- 北京：民主与
建设出版社，2022.3

ISBN 978-7-5139-3864-8

Ⅰ . ①赵… Ⅱ . ①赵… Ⅲ . ①职业选择 Ⅳ .
① C913.2

中国版本图书馆 CIP 数据核字（2022）第 095910 号

赵玉平说职场智慧
ZHAOYUPING SHUO ZHICHANG ZHIHUI

著　　者	赵玉平
责任编辑	刘　芳
封面设计	新艺书文化
出版发行	民主与建设出版社有限责任公司
电　　话	（010）59417747　59419778
社　　址	北京市海淀区西三环中路 10 号望海楼 E 座 7 层
邮　　编	100142
印　　刷	北京晨旭印刷厂
版　　次	2022 年 3 月第 1 版
印　　次	2022 年 9 月第 1 次
开　　本	787mm×1092mm　1/16
印　　张	13
字　　数	144 千字
书　　号	ISBN 978-7-5139-3864-8
定　　价	58.00 元

注：如有印、装质量问题，请与出版社联系。

目录

I

第二章 给你一个干的理由——宋江的精神激励策略

第三章 找对人才能做对事——领导必备的小班底

前 言

《水浒》这本书，相信很多朋友都熟悉。但你在看这本书的时候，在欣赏书中的英雄豪杰之时，是否能体会到他们的团队策略？有人可能质疑，《水浒》中不就是一群人打打杀杀、喝酒吃肉、扯旗造反吗？怎么会涉及团队管理的问题呢？其实，这里面不但有，而且很丰富。水泊梁山这些英雄好汉聚在一起以后，难免会产生大大小小的团队问题。研究这些问题，就是本书的主旨。其中有三个问题是基本的，看《水浒》时一定要看出来。

天字第一号问题——领导权威问题

《水浒》里有一种现象，这种现象在我们的传统文化中广泛存在，即能力相对平庸的人也可以当领导。翻翻宋江这人的简历便知：先看他的能力，文也不能文，武也不能武。再看宋江的形象，《水浒》上说他"面黑身矮"，翻译成现代汉语，就是"身高一米六，体重一百六"。但就是这样一个人，可以带领英雄团队。再看看梁山这个队伍的构成，其他的一百零七条好汉，可都不是一般人！有皇室贵胄、草莽英雄、江湖好汉……这么一帮人居然都服宋江！宋江凭什么？换句话说，如果我们没有个人形象，没有专业背景，也没有社会关系，凭什么能当

1

领导？

其实，像宋江这样的领导在中国历史上并不少见。大家回过头看历史：三国时的刘备，文不如诸葛亮、庞统，武不如关、张、赵、马、黄，可人家是领导。再往前看看，汉高祖刘邦也是如此，刘邦说过："夫运筹策帷帐之中，决胜于千里之外，吾不如子房；镇国家，抚百姓，给馈饷，不绝粮道，吾不如萧何；连百万之军，战必胜，攻必取，吾不如韩信。"刘邦连讲了三个"吾不如"，但刘邦是领导！《西游记》里也是这样，唐三藏没有任何法术，甚至佛法悟性都不是很高，但是唐三藏是领导！

为什么很多时候这些人能当领导呢？这就是本书要探讨的天字第一号问题——领导权威问题。

天字第二号问题——职务安排问题

梁山公司的天字第二号问题是职务安排问题。这些梁山公司后备领导的候选人，都是一帮犯罪分子，甚至大部分人是杀人犯，带着刀来的，你给我排得好，我管你叫大哥；你安排不好，我就捅死你。这事儿麻烦大了，你想想，人家宋江在乱世中，安排那么多杀人犯，能使领先的人不牛气、落后的人不生气，人人都管他叫大哥，这得多高的水平啊！

天字第三号问题——接班人问题

梁山公司的天字第三号问题是接班人问题。宋江跟晁盖，是亲密战友、生死之交。为什么晁盖死的时候，不把领导权交给宋江，而是明里暗里地把领导权传给卢俊义？两个人之间，到底发生了什么矛盾？亲密战友之间起了什么冲突？晁盖这个梁山公司的一把手哪儿当得不对，宋江这个二把手哪儿当得不好，为什么不能名正言顺地接班？这就是接班人问题。事业能走多远，能挣几年的钱，都跟接班人问题有关。

这就是《水浒》中隐含的三个基本的团队问题。我们放眼望去，从古到今所有的团队，要出问题，一定是出在这三个问题上：或者是有一两个问题没解决好，或者是三个问题都出了岔子。那么，我们就从这个角度切入，看梁山公司是怎么解决这三个问题的。

另外，我们还要把这些解决方法跟现实生活相结合。读历史，就是回过头能看到未来的样子；读活书，就是把眼前的生活跟书本相结合，我们能知道自己眼前的日子怎么过。历史不会重复它的事实，但历史会重复它的规律。在那些年代、那些人身上发生的事情，在我们这个年代、在我们的身上正在发生。我们看看人家是怎么处理的，就能知道自己该怎么办，这是我们解读梁山团队策略的一个基本立意。

第一章

好领导要送公明

宋江的团队领导策略

提起《水浒》或者水泊梁山，人们第一个会想起谁？大部分人会想起宋江。因为宋江是梁山团队的头儿，虽是第三任，却是任期最长的一位领导。

宋江，何许人也？《水浒》原著记载：

那人姓宋，名江，表字公明，排行第三，祖居郓城县，宋家村人氏。为他面黑身矮，人都唤他做"黑宋江"；又且于家大孝，为人仗义疏财，人皆称他做"孝义黑三郎"。上有父亲在堂，母亲丧早；下有一个兄弟，唤做"铁扇子"宋清，自和他父亲宋太公在村中务农，守些田园过活。这宋江自在郓城县做押司，他刀笔精通，吏道纯熟，更兼爱习枪棒，学得武艺多般。平生只好结识江湖上好汉，但有人来投奔他的，若高若低，无有不纳，便留在庄上馆谷，终日追陪，并无厌倦；若要起身，尽力资助，端的是挥霍，视金似土。人问他求钱物，亦不推托；且好做方便，每每排难解纷，只是周全人性命。如常散施棺材药饵，济人贫苦，周人之急，扶人之困，因此山东、河北闻名，都称他做"及时雨"；却把他比的做天上下的及时雨一般，能救万物。

宋江这个没形象、没背景、没水平的人，凭什么领导了英雄团队？宋江的团队领导策略其实就在他的名字中，宋公明——送、公、明。

宋江

呼保义
天魁星

送——及时雨不是白叫的

　　宋江，绝对是一个会送的领导。你要钱我给你钱，你要机会我给你机会，你要感情我给你感情……而且送得很贴心，比如对李逵，李逵有母亲没父亲，是个缺少父爱的人。所以，宋江对李逵张嘴就骂，举手就打，转过身掏出钱来，你要多少钱我都给你。再如对武松，武松不光没有父爱，也缺少母爱。宋江对武松的管理，就要柔和得多，融合了很多母爱的因素。

　　送得多、送得贴心，就稳定了团队，凝聚了人心，所以领导会送是很重要的。而且，给钱给物不能瞎给、乱给，升米恩，斗米仇，你必须要给得有策略、有道理。你看柴进柴大官人也是个仗义疏财之人，甚至比宋江送得还多，因为他有钱，是地地道道的"富N代"。他也给钱给物，但柴大官人给谁？林冲发配沧州投奔他时，柴大官人把钱物给了牢城营的管营、牢头之类的坏人。由于他没有策略地送，不加选择地送，所以送得再多，也没有积累什么事业基础。宋江就不一样了，通过二人对武松的不同态度，就能看出送的策略来。

给钱的学问比赚钱的学问大

《水浒》第22回《阎婆大闹郓城县　朱仝义释宋公明》和第23回《横海郡柴进留宾　景阳冈武松打虎》讲的是，宋江杀了自己的小妾阎婆惜，背着人命官司畏罪潜逃，往哪儿逃呢？这就看出宋江的眼光了，他选择了一个好去处——沧州横海郡。在那个年代，沧州横海郡就是大宋和大辽的边界。宋江的如意算盘是，我跑到边界，三不管的地方，我看谁能抓住我？到了横海郡，他马上投靠了当地的高门大户——柴大官人。

柴大官人可有背景。大家看宋史可知，大宋朝的天下从哪儿来的？黄袍加身，陈桥兵变，那是宋太祖赵匡胤从后周手里，通过政变抢来的。后周是谁家天下？老柴家的天下。老赵家抢了老柴家的天下后，赵匡胤为了不留骂名，就给老柴家留下丹书铁券，给柴家后人世世代代亲王级待遇，见官大三级。所以，柴进，用现代话说是"黑白两道，水旱两路"通吃的人物，很厉害！宋江心想，背靠大树好乘凉，柴进就是一堵挡风的墙，我是蚂蚁你要踩我，我站在大象的背后，我看你敢踩？所以宋江到了横海郡，直接投奔柴大官人了。

水浒歪传

到那以后，柴大官人说："老宋啊，一看你这两天就没休息好，这气色哪行啊！早餐吃了吗？没吃。来，午餐补，吃好喝好……"柴进准备了丰盛的宴席，给宋江喝酒压惊。小酒喝得这叫滋润呢！柴大官人一边喝酒，一边安慰宋江。

大家注意，中国人喝酒有各种各样的反应：有些人喝酒走水路，越喝越想上厕所，这叫走肾；有些人一喝酒，脸就红，甚至手也红了，这叫走血；有些人一喝酒，脸就发青发黄，这叫走肝；有些人一喝酒就犯困，就得睡觉，这叫走神；还有些人呢，一喝酒就爱说话，平时不喝酒，一句话没有，一喝酒，不管认识不认识，抓着你的手，陈芝麻烂谷子都出来了，喝完酒还得唱歌，"妹妹，你大胆地往前走"，吼完了这两嗓子，酒气没了，还能再喝两杯，这叫走气。

宋江是第一种人，走水。喝着喝着，宋江就有反应了，想上厕所，他朝柴大官人拱拱手说："大官人，告个方便，我上个厕所。"说着话就出来了。

那沧州地面当时是很冷的，一出门，小西北风一吹，宋江打了个哆嗦，感觉有点冷，酒气就上来了，脚底下有点飘。抬眼望远处，就看见廊檐下边蹲着一个可怜人，彪形大汉，衣不遮体，蓬头垢面，正在廊檐下烤火呢。宋江叹口气说："这天下，几家欢乐，几家愁？我们在宽敞明亮的房间里面，喝着酒，吃着菜，听着小曲，想着美好的未来，门外就有可怜人呀！"

宋江有儒家思想。你看《水浒》里边有儒、道、佛各家的代表人物，像鲁智深是佛家，公孙胜是道家，宋江则是儒家。儒家有一个说法：要是遇到可怜人，能帮人家就帮人家；要帮不了人家，就快步从人家眼前通过，不要在人家面前嘚瑟、招摇。宋江心想，我也帮不了他，赶紧从他眼前快步通过，千万不要踢了他的火盆……但宋江心里明白，腿不听使唤，跟很多喝醉酒的人一样，走到那人眼前，脚一拐，一不小心就把这大汉的火盆给踢了。

这下不得了，大汉噌地一下就跳起来了，怒骂道："好家伙！你们在里面喝酒吃肉，过好日子不理我也就算了，老子在这儿烤烤火，你还来踢我的火盆，你还让不让人活了？你不让我活，我也不让你活。"话到手也到，大汉揪着宋江的脖领子，抡拳就要打。这拳要下去，宋江非被打个生活不能自理。幸好，吵闹声惊动了柴大官人，他跑出来，赶紧给双方拉架："别打，别打……我给你们介绍一下。"给双方通名报姓。

您猜这个大汉是谁呢？就是水泊梁山一等一的大英雄，打虎的武松武二郎。研究《水浒》有一个术语叫"武十回"，《水浒》一百二十回，光写武松，就写了十回，武松是篇幅最多的人之一。作者对武松寄予了很多的感情，当然我们也非常喜欢武松。这么一个大英雄，纵横天下，可他就是这么出场的。你想想这场景多可怜啊：大冬天光着膀子、蓬头垢面、裤腿一个长一个短，人家堂上喝酒吃肉，他还空着肚子呢，发烧打摆子没钱买药，在那儿烤烤火，旁边还有人踢他的火盆，可怜啊。

武松为什么会落到这一步呢？符合两句话，一是性格决定命运，二是可怜之人必有可恨之处。武松的性格就是心高气傲，瞧不起别人，平时闹别扭，喝点酒就和别人起冲突。武松眼前的处境和他自己的行为有着直接关系。在现代团队管理中，我们认为，一个团队成员应该有两种行为：第一种，关系行为，就是处理人和人之间的关系，搭建人脉平台，构造满意度和和谐氛围；第二种，任务行为，就是完成工作指标。很多没经验的人可能就把精力都用到关系行为上面，或者都用到任务行为上面。精力用到一个方面是不对的，必须两条腿走路，平衡前进。武松就是片面的人，他觉得，只要我有本事，只要我把工作完成了，只要我能力上去了，我怕什么？我才不理你们呢。所以武松跟其他人的关系处得非常不好。再加上武松脾气大，比较骄傲，喝点酒，张嘴就骂，抡拳就打。整个公司除了董事长柴大官人之外，剩下的副总以下他都打过，报销个差旅费也能把财务科打一遍。所以说，武松就属于能力很强、人际关系特差的人。

人际关系差，就产生了巨大问题，下面的人总到柴大官人那儿汇报说，武松这个人有问题。有本事还得有名声，名声没了，本事就被埋没了。

马克思主义有一个观点，人的本质是一切社会关系的总和，如果没有关系行为，就会失去社会关系，连人的本质都没了。所以在这里，我们再一次强调：在团队当中，特别是有本事的人，要很融洽地处理好与周围人的关系。企业的"企"字怎么写？上面一个"人"，下面一个"止"，这叫无人则止。把人脉关系搞垮了，事业就要停顿了。

武松就是这样有本事但是不会处理关系的人，结果呢？汇报的人多了，柴大官人就对武松有意见了。这一下，职位不给了，工资不发了，奖金扣除了，连医药费都不报了，所以武松发烧只能烤火，饿着肚子。这一方面体现了，武松这个人，没处理好关系行为；另一方面，也体现了柴大官人这个领导，对下面有本事的人关心不够啊。

回过头看宋江，宋江认识武松以后，立即做了三件事。这三件事，展示出了宋江独特的领导风格。

宋江先自己掏腰包，给武松做两套好衣服，让他从上到下，里外三新。为什么要做好衣服？因为有的人不爱利，但很爱名。中国人讲，人人皆有名利之心，名利、名利，名在利前。所以这些人对名的渴望要比对利的渴望还强烈。武松爱脸面，但他穿成那样，上街都不好意思见人，更不好意思承认自己是武松。现在宋江首先给他改善形象，让他有好的名声，满足武松对名的需求，这才贴心呢！

水浒金传

宋江想，武松要过好日子，肯定离不开钱。他问武松："贤弟呀，你在二环还是三环买的房子呀？月供怎么样啊？你都苦成这样了，医药费都没有了，那银行的贷款你还了吗？另外，听说你还要买辆车，怎么着也得买 20 万元以上的吧？你有钱吗？"

武松老老实实地承认："宋江哥哥，我没有啊，我都花完了！"

宋江说："没关系，贤弟，我有钱。"说完，拿出包袱打开，从中间画一条线，"这一半都给你。"见面分一半，宋江这一点让人特别佩服，慷慨大度。

　　武松不好意思了，说："哥哥，你又给我钱。"

　　宋江说："嘘！贤弟，别提钱，这不就是金属嘛！哥哥有的是，你先拿着用，用完了再给。"

　　宋江的做法值得称道，这叫"把名给在明处，把利给在暗处，当众给面子，背后给红包"。为什么给好处、给实惠的时候要悄悄地？因为宋江很深刻地理解一个道理：看重名的人想要过好日子，他的排场、他的花费，要比一般人大。但是和这些人能直接谈钱吗？不能，一提钱，脸面就没了。所以这些人的苦恼在于既离不开钱，又不能谈钱。宋江高明啊，把形象和面子给在明处，把实惠和利益给在暗处。当众发一张大奖状，给朵大红花，大家热烈鼓掌，宣扬他的事迹，给一个好待遇，安排一个好职务；散了会之后，私下里没人的地方，悄悄给一个大口袋，口袋里装的全是金子。给完之后，转身就走了。这是宋江的贴心之处。很多领导舍得给，但是不会贴着心给。而宋江的做法让武松心里特感动。

水浒金传

　　从此以后，宋江每次出外喝酒见人，开个 Party，参加论坛，都要带着武松。当众介绍的时候，不介绍自己，先捧武松，说："各位上眼，这是我贤弟，武松武二郎。少林寺学艺，名满天下，那是相当的厉害。各位，看这大拳头，将来是可以打死老虎的……"帮武松打广告。武松就喜欢别人崇拜他，就喜欢鲜花掌声，就喜欢到各地办讲座的时候，下面的听众们嗷嗷地尖叫。宋江就帮他传名声，让他获得这份满足感。

你想，武松的形象有了，利益有了，心里完全得到满足了，没几天，武松对宋江的崇拜程度、认同程度就超过了对柴大官人的。可见，当领导首先要给下属打造差异化的激励方案。你得贴着心给待遇，他要什么你就给什么。什么叫了解人？就是了解一个人的需求。什么叫关心人？就是贴着他的心满足需求。

凝聚人心需紧抓关键时刻

在心理学层面有一句话叫，日常交往拉近距离，关键事件深化感情。虽然宋江给了、送了，武松有面子了，有实惠了，但只能说武松和宋江的距离拉得很近，可关系再近，武松也不是自己人，总觉得隔着一层。这就是我们生活当中大家看到的，在公司的小团队当中，总有一些人关系已经很不错了，但是有些话说不出口，总觉得隔着一层窗户纸，捅不破。靠什么捅破这层窗户纸？靠关键事件。生活当中为什么很多浪漫的感情、美好的事情，都是在飞机场、火车站、病床前、战场上发生的？因为在那些地方有关键事件。宋江觉得跟武松的关系已经很近了，但是没有得到升华。这可不行啊，所以宋江在等关键事件。不久后，宋江终于等到了。

水浒金传

　　武松得到消息，哥哥武大郎在老家清河县结婚了，娶了潘金莲。武松要回去探亲，来跟柴大官人告假。你看柴大官人就糊涂，他没有很好地利用彼此分别的关键事件，来升华过去的感情。这就等于把柴火都准备好了，但是没划火柴去点燃。武松说："柴总，我要走了。"柴大官人说："行，你赶紧走吧，过一会儿早高峰该堵车了，最好坐地铁，机场快线。另外呢，到了地方给我发一条微信。下次咱们再见，我马上要开个会，就不送你了。"

　　武松出来后就碰到了宋江，他左手拉着武松的拉杆箱，右手拿着一个塑料袋，里面是早餐。宋江说："武贤弟，你要去机场了吧？别空着肚子走，出行的饺子、到家的面，哥哥都给你准备好了。走……我送你。"

　　武松说："哥哥，这多不好意思，另外，你今天上午不是还要参加培训吗？你就别送我了。"

宋江说："不，不……我一定得送，走吧。"宋江拉着武松的手，就走出了柴家庄。

这就是宋江的高明之处，懂得抓住关键事件，升华感情。这一路上呢，宋江跟武松一边走，一边希望找个机会，能跟他升华一下感情。但武松是个内向的人，他一路只顾低着头走。走出七里地，武松居然什么话都没说。

等到七里开外，武松说了一句话："哥哥，天色不早，你回去吧！"宋江心想，我回去？我回去，这半年工夫就白瞎了，我能回去吗？所以，宋江说："贤弟，天色尚早，太阳还没落山呢，咱们再走一段。"

又走出三里地，共十里地了，武松说："哥哥，天色真黑了，你回去吧。"宋江心想，关键时刻呀，我有什么办法呢？眼珠一转，宋江有主意了。

现代心理学有个分支，叫人际关系心理学，其中有一个特别棒的理论：要跟一个人拉拢感情，拉近心理距离，最有效、最简单的方法是什么呢？就是请对方吃饭。吃饭能交流感情，吃饭能造就亲密的氛围。我们一般都跟家里人吃饭，所以一起吃饭，能造就认同感，形成家里人的感觉。

水浒金传

宋江抬眼一看，不远处有一个酒楼，他就有主意了，你不是不跟我交心吗？咱俩吃饭，吃饭的过程中可以交心。

宋江马上决定请武松吃饭。武松真的饿了，而且到饭点了。所以宋江说："贤弟你看，前面有个酒楼，咱们去整两瓶啤的吧！"武松一听高兴了，说："好的哥哥，走。"两个人进了酒楼，往那儿一坐，宋江点了一桌子菜，武松低着头就吃。宋江不吃，他要抓紧时间跟武松拉近感情。

什么叫感情？所谓有感情，就是有回忆呀。感情可以消失，只要你忍住不去回忆，感情就会消失；感情可以创造，只要你跟一个人一起，做很多值得回忆的事情，终究有一天，他会对你产生感情。所以你要对一个人积累感情，就一定得跟他做很多值得回忆的美好的事情。你要激发一个人的感情，怎么办呢？就跟他一起回忆美好的过去，回忆得越多，这人对你的感情就越深。

水浒金传

宋江是明白这个团队原理的，所以武松在那儿吃东西，宋江开始回忆美好的过去。

宋江说："贤弟呀，今天咱俩要分别了，哥哥这心里真不是滋味啊，很多美好的过去涌上心头。记得我们第一次见面，那是一个初冬的下午……"宋江开始说过去了，几段回忆说完了之后，武松已经扛不住了，眼泪围着眼珠转，刚才那点啤酒全变成眼泪，稀里哗啦就下来了。宋江一看火候差不多了，掏出一个包袱，打开，里面装的是银子，宋江说："贤弟呀，你此去山高路远，要过很多收费站，交很多过路费、过桥费，现在住酒店也挺贵的，听说汽油价也要涨……你没钱吧？哥哥给你准备好了。"宋江从里面掏出一锭大银，搁那儿说，"来，你拿着。"

武松看看银子，再想想过去，一下子就崩溃了，"扑通"一声跪在地上，说："哥哥，你真是我的亲哥哥。从此我武二郎有两个哥哥，山东有一个，这沧州也有一个。咱俩结拜得了。"宋江立即行动，你不是说结拜吗，趁热打铁，赶紧就结拜。这点酒劲儿一过，武松的激动一过，可能就变心了。所以宋江拉住武松出门，撮土为香，一个头磕在地上。从此以后，那武松对宋江是无限崇拜、无限忠诚，成了宋江的主要打手。这全靠送的策略。

在这个高明的策略中，有四点可以借鉴：第一，根据对方的需求，打造差异化的激励方案；第二，日常工作拉近距离，关键事件升华感情；第三，先制造回忆，后产生感情，有了感情以后再做大事；第四，精神的内容要有物质的载体。

这四条策略，不光用在武松身上，用到其他人身上，效果也特别好。这就是宋江的高明之处，一个字"送"。

公——大公无私才能成就大公司

情绪只能私有化

什么叫公？公的第一层含义就是在做公事的时候，能够把情绪放在一边，不管有多么不良的情绪，一旦面对工作，都能把情绪调整过来，能用工作态度、工作眼光对待人和事。不管上班路上还是家里边，发生多大的事，一旦进入工作现场，一旦面对同事、下属，一旦面对镜头，往这儿一站，一瞬间，能把过去的所有烦恼都忘了，这叫给情绪转频道。

我们先来分析一下宋江，宋江的成长历程是很坎坷的，他曾经好几次遇到生命危险。他有数次被流放、闯江湖的经历，其中，最凶险的一次是什么呢？

水浒歪传

宋江在浔阳江上，一不小心，上了"船火儿"张横的贼船。后面还有俩解差跟着宋江，一同上船。张横摇着船走到江心，船橹一收，小船一打横。张横嘿嘿乐了，乐得跟夜猫子一样，吓得宋江三人腿都软了。张横把刀亮出来，说："你们三个鸟人都给我跪下。"宋江跟俩解差都跪下了。张横说："老爷是吃抢劫饭的，二话别说，你们把身上的衣服扒下来，把鞋也脱下来，另外把随身的香烟、打火机、钱包、钥匙串什么的，都搁这小口袋里边。"这几人乖乖听话，全都脱光了。

宋江以为，我东西都给你了，你不会要我命了吧？没想到，张横把东西一收，又把刀一亮，说："你们几个烂人，我来问你们，你们是要吃馄饨，还是要吃板刀面？"宋江一乐，说："大哥，你看我怕成这样，能有啥胃口？夜宵我就不吃了，你吃吧。"张横说："谁吃夜宵？根本就不是夜宵。啥叫馄饨？你胆小、怕见血，老爷一脚把你端到江里，你自己淹死，家里还能落个囫囵尸首。那什么叫板刀面？你连江都不敢跳的话，那没办法，老爷就得摁住你费点事，把你剁死。说，你们要吃哪个吧？"

宋江一看真要命啊，傻眼了，关键时刻他体现出了能屈能伸的"英雄本色"。宋江此时腿一软，跪爬两步，抱住了张横的大腿，那嘴跟人家的脚，来了个亲密接触。宋江说："这位大哥啊！这位老爷啊！我管你叫声爹，你别要我命行吗？我给你当儿子，你别杀我。"张横一脚把宋江端一边去了，说："你这个烂人，看你就恶心，临死了连个尊严都没有。你叫爷爷，老子也得剐死你。老爷只做死口，不做活口——看来你是要吃板刀面啊。"摁住宋江，抢刀就要剐。

生死关头啊，宋江都傻了。关键时刻，"混江龙"李俊从上游下来了。他一看，张横正在那儿忙活呢。李俊本来不想管这些事，但走近了一看，哎呀！不好，要杀的是宋江。李俊隔着船，冲张横大吼一声："张横贤弟，慢动手啊，那是集团公司宋总！"

张横把手停住了，回头问是谁。李俊说："是你崇拜已久的宋公明哥哥。"张横说："不可能，宋总我是见过的，在年初的电视片上，我还看过宋总讲课呢！宋总长得多帅，你看他满脸疙瘩，黑不溜秋，还这么老。"李俊说："拜托！上电视的老师，都得收拾收拾吧。疙瘩多了填填，黑斑多了点点。那都是化出来的，这你也信啊！糊涂。你拿年初那个海报核对一下。仔细看看，是不是宋总。"

张横把海报拿出来一对，真是宋江。张横不好意思了，把刀收了，东西扔了，上前来把宋江扶起来说："哎呀，宋总，真对不起，我真不知道。你早说啊，这多不好意思。来来来……站起来。"刚把宋江扶起来，赶紧又给按下了——宋江这还光着呢！张横赶紧找床单，给宋江披上了。

你想想，宋江刚才光着腚，跪在那儿管人家叫爹，求人家饶命。两分钟以后站起来，身上白毛汗还没落，心脏还"怦怦"直跳呢。但宋江牛在哪儿？他居然在一瞬间，就把刚才的情绪扔在一边了。

宋江披着床单站起来以后，立刻换了副笑脸，笑呵呵地拍着张横的肩膀说："张横贤弟啊，你这块业务搞得不错啊！"就跟没什么事一样。宋江的情绪会转换频道。

人至少要有三个频道：有一个工作频道，正襟危坐、慷慨激昂；有一个娱乐频道，开开心心、又蹦又跳、活力四射；还有一个体育频道，认真锻炼、生龙活虎。不同的频道得用不同的情绪，人家宋江就是有不同频道的人。

很多团队领导没这个频道，家里的烦恼带到公司去，公司的烦恼带到家里来。公司里有事朝家里发火，家里有事朝公司发火。一天到晚，主要的工作状态就俩字——"串台"。这是不对的。领导的工作千头万绪，接触那么多的人，得学会转频道。一个人有若干个格子，这件事装在这个格子里，那件事装在那个格子里，绝不干扰别的格子。

公的第一点就是用公心干工作，学会给自己的情绪定几个频道，互相转化。宋江这一点做得特别好。

给待遇时由远及近

在宋江的团队当中，基本上都是黑社会分子，很多人都像张横一样，曾经威胁过他的性命，而且差一点就要了他的命。比如"矮脚虎"王英，那王英当初在清风山上，就差一点要了宋江的命，宋江却积极给他找媳妇。这些事情宋江居然都可以放下，把私人恩怨搁在一边。我们从根儿上想一想，一个公司的董事长要来公司上任，在门口被几个保安捆得四马倒攒蹄，"啪啪"打几个嘴巴，拿刀差点捅了。你说，这个董事长上任之后，对这几个收拾他的人会是什么态度？宋江的态度就是既往不咎，不知者不怪，把过去的事放在一边，该对你怎样还对你怎样。

这不是一般人能做到的，了不起啊！能把私人恩怨放下。光有情绪的管理，是干不了工作的，光放下私人恩怨也不行，还得有利益的管理。

所以，关于公的第二个问题就是，如何用公心对待利益。在分钱分物的过程中，跟你有感情的人你怎么对待，跟你有过节的人你怎么对待？宋江在这方面做得特别好。

中国的文化是一脉相承的。关于这方面做得好的例子，还有一个：

刘邦平定天下以后，下属都急着要待遇，不给就要谋反。但刘邦

又没时间各个都给。事实上，很多领导面临这一情况，金山银山在这儿搁着，时间紧、任务重，大家都闹着要，你又不可能都给。当领导不能"天女散花"，得作考核算指标，这需要时间啊。但员工急，等不起。如何让又哭又闹的孩子等着排队，不抢眼前的饭，这是团队领导的高明之处。

刘邦没办法，怎么办？问大谋士张良。张良乐了，说："主公，此事好办，你封赏一个人就行了。我问你，咱们这个团队里你最不喜欢的人是谁？"刘邦说："我最不喜欢的是雍齿。"张良说："那你就封赏他。"刘邦就真封赏了雍齿。

封赏完雍齿之后，取得了一个震撼性的效果。所有的团队成员，都得到一个信息：连雍齿这种烂人都能封侯，咱们哥几个功高盖世，有那么多的贡献，还急什么？再差也得比雍齿强。所以，所有人都安定了，哭的不哭了，闹的不闹了。

这个策略叫给待遇由远及近。你还就得先给那些跟你有过节的、闹过对立的、跟你拍过桌子瞪过眼睛的、平时不服气的人。你给这样的人一个公公正正的待遇，可以让整个团队稳定，这叫稳定的力量、凝聚的力量。刘邦跟张良的交往当中，张良有定汉四策。这四策当中，封雍齿排在第一位。

古书上讲这叫"封一人而安天下"。我们看到很多团队领导在给待遇的时候，大家都闹着要，领导给谁？有先给亲戚的、交往多的、说话甜的、长得好看的、天天夸他的。你要先给了这样的人，大家就得到一个信息：这个领导光给顺眼的人待遇，我们这些他瞧不顺眼的，肯定不给。那整个队伍就乱了营了，可能就会出现大问题。

所以，"公"的含义也就是：给感情立个频道，学会用公心对待私人恩怨。给待遇设个顺序，能够由远及近，先给不顺眼的人公正待遇。你能做到这些，那就是"公"了。

明——看到大节，也看到小处

"明"是什么？明就是明明白白、明察秋毫。这一点，宋江做得也很了不起。你看《水浒》有几个小人物的排序，排得很到位啊！掌管杀猪头领一名，"操刀鬼"曹正；掌管修城墙事务头领一名，"九尾龟"陶宗旺……我们看《水浒》，往往容易关注大人物，但历史不光由大人物组成，还有更多的小人物。而且从小人物身上看大人物，你能看到更多。

你说为什么要找陶宗旺来管修城墙事务呢？那是因为陶宗旺以前是开砖厂的，烧砖的出身，所以他的武器就是个烧砖铲土的大铲子，他的暗器就是一堆板砖，看谁拍谁。有了这样的职业背景和经历，你让他管修城墙事务，正合适。

不要让沉默的人寂寞

宋江这个"明"字，第一点，对每个人的背景和特长都有细致入微的了解。我们用人时，要看他的背景和特长，有了细致入微的了解，就没有不可安排的人，只有不会安排的领导。任何一个人，只要安排得当都是有用的，所以搞管理要用合适的人。

第二点，光了解还不行，领导说"我很了解你"，你心里想："哟！了解我那么多，你为什么不给我钱？为什么不给我升职？为什么不给我机会？"所以光有了解不够，还得有安排，要有细致入微的了解，也得有细致入微的安排和对待。

关于细致入微的安排和对待，我们再举一个古人的例子。还是那句话，中国的历史是有传统的。我们举的是《后汉书》里的一个例子。

汉光武帝刘秀，被称为中兴之主。他手下有著名的云台二十八将，跟他一起打天下。其中有一个人叫冯异，陪着刘秀平河北、定关中，功高盖世。但冯异有个特点，比较沉默，不爱说，不爱讲，不爱叽叽喳喳到领导面前表现。每次打完胜仗，要给待遇的时候，诸将争功，都会使劲表现，唯独冯异安安静静地坐在一棵大树底下闭目养神，不屑于去表现、耍嘴皮子，不屑于跟领导夸夸其谈。所以刘秀感叹：冯异真是我的大树将军！

"大树将军"因此成为典故，形容有才华、有水平、有贡献，但是不爱过度炫耀的人。刘秀高明在哪儿？刘秀就高明在每次给待遇时，不是先给那些叽叽喳喳爱表现的人，而是第一个就给冯异，给最沉默的人。给完冯异效果出来了，大家发现：第一，领导有独到眼光，冯异不表现，但他所有的成绩、功劳，领导都看得见；第二，领导给这样的人待遇，说明领导不喜欢上蹿下跳、叽叽喳喳的人。于是封赏完冯异以后，争的不争了，抢的不抢了，上电视的不上了，拍片的不拍了，大家都安心工作了。

我们回过头来看，很多团队一涨工资、一给升职、一分房子，就有很多人上蹿下跳，使劲表现，找记者、上电视、拍片子……很多领导就觉得这些人没水平，一见有好事就乱套了。其实不是他们没水平，这种现象的存在恰恰说明：大家质疑领导的眼光。大家说："我不这样做，你看不见我；我不这样做，你不理我。我为什么要拍马屁？我不拍你，你就不拉我走，而且还拿蹄子踢我。谁愿意拍马屁啊？但是没办法。"

所以，领导是一个团队风气的创造者。你有什么样的风格，团队就有什么样的文化。如果一个领导没有这种明察秋毫的眼光，整个团队就会变得浮夸，变得只会做表面文章。刘秀就了不起，刘秀给待遇，专门给那些默默无闻、有本事、不爱浮夸的人，这就是在安排上细致入微、明察秋毫。给完冯异待遇之后，整个队伍就安定了。

宋江也是如此。在给待遇、安排梁山好汉的时候，身边这几个牛人、关系好的人、一起起家的人，宋江并没有作为安排的重点，而是把一百零八人当中大量自己不熟悉的、没交往过的、默默无闻的小人物给了很扎实的安排。这样做让所有人都特别心服口服。

在我们的团队当中，有很多像冯异这样默默无闻、兢兢业业的人，他们没平台、没时间，也没机会到领导面前去表现。一个团队六七百号人，一个普通员工怎么可能整天上领导那儿去表现？他没机会，但是他有成绩了怎么办？你应该宣传他、表扬他、鼓励他，不要让他寂寞。"老黄牛"要是挨饿了，就没人愿意再当"老黄牛"了；英雄要是死了，就没人愿意再当英雄了。所以，要让"老黄牛"披红戴花、有草有料，要让英雄不死，只有这样，才能有更多的人去做基础工作。

不要让伯乐不快乐

"世有伯乐，然后有千里马。千里马常有，而伯乐不常有。"为什么伯乐不常有，难道是社会环境不行吗？其实无关社会环境的事，而是很多领导没有眼光。

一位老教授，有才华、有水平、有眼光，选了一个年轻的博士，小伙子也是有才华、有水平，三十刚出头，蒸蒸日上，非常有培养前途。于是，老教授自己的项目不要了，给了博士；自己的经费不要了，给了博士；自己的科研报告不写了，让博士来写；参加学术会议，让博士发言。博士闪光了。中国人就喜欢千里马，一看这博士闪闪发光——千里马啊！于是群众鼓掌，领导竖大拇指，媒体大面积报道。最后，科研经费不再给教授了，直接给博士；学术交流会不再让教授去了，让博士去；实验室都不给教授了，给博士……

再看看那位老教授，自己培养一个博士，却沦落到连办公室都没有的地步，上网只能到会议室去。但老教授高风亮节，说："长江水后浪推前浪，前浪就得让，后浪才能上。"一个单位老同志太多，就叫青黄不接。"黄"的不去，"青"的哪儿来啊？"黄"的发扬风格，让了，然而周围的人怎么说？他们会说："各位兄弟，你们看看，这就是传说中的'教会徒弟，饿死师父'，所以咱们谁也别带比自己强的学生。"

这就是为什么伯乐不常有：当伯乐不快乐，当伯乐没待遇。当完伯乐之后，千里马闪光了，我自己连饭都没得吃了，那我当伯乐干什么？说到这儿，又谈到古人了。古人从春秋战国时代开始，就探讨了很多的团队管理问题，给今天留下很多的借鉴，这是中国文化的高明之处。

春秋战国时代，有一个牛人齐桓公，是春秋五霸之首。齐桓公手下，有个大贤臣，就是大名鼎鼎的管仲。管仲辅佐齐桓公，九合诸侯，一匡天下，称霸中原。每次管仲有了贡献，齐桓公第一个奖励的不是管仲，而是管仲的启蒙老师；第二个奖励的是人事部门发现和推荐管仲的那个人；第三个才奖励管仲。齐桓公带着奖励、带着回报、带着礼物，亲自上门找管仲的老师和推荐管仲的人，说："谢谢你为国家培养人才。""谢谢你为国家发现人才。"然后才跟管仲说："谢谢你为国家作贡献。"

这叫不要让发现和培养人才的人被冷落。于是，齐国人就发现了，虽然我们自己没本事，但没关系，我们发现培养一个人才照样可以过好日子。于是，齐国伯乐辈出；于是，千里马辈出。

为什么我们会缺乏人才？因为发现培养人才的人不快乐、吃亏。这些人吃亏了，团队哪有未来啊？在团队管理中，建议大家：第一，别让默默无闻在一线的人受冷落；第二，别让发现和培养人才的人受冷落。做到这两点了，你的团队才能够有足够的后劲。

可以有闲事，不能有闲人

在明察秋毫方面，宋江有一点做得让我们特别佩服，就是对小人物的安排。我们可以专门研究一下《水浒》是怎么安排小人物的，会发现这对整个团队管理都有巨大的价值。甚至我们还可以搞一个研究，研究中国的团队管理风格。大团队管理要研究《水浒》，小团队管理就研究《西游记》。

《水浒》里面有很多标准的风格和传统，每次看宋江的团队管理，有一件事情特别有趣，就是宋江如何安排这些小人物。前面说了杀猪头领"操刀鬼"曹正、修城墙头领"九尾龟"陶宗旺，更加离谱的是，还安排了造醋头领"笑面虎"朱富、缝纫头领"通臂猿"侯健。这就好比是在猪圈喂猪、过年给猪放血组长一个，纤裤脚锁边组长一个……为什么安排他们做这么琐碎的事情？

我们说，没有人干不成事，但人一扎堆，没干事，先出事，所以不能让人闲下来。宋江的原则就是，我大事小事都给你找点，得让你忙起来。人没事做，感觉被冷落，就要闹事；感觉有闲心，就要捣乱。老员工没事做，身体会垮掉；年轻人没事做，不长本事。人就像一辆自行车，天天骑没事，要是扔在楼下两个月，准垮。现代团队管理管这叫"人人有事做，处处忙起来"。没什么事做怎么办？先找点正事，学习培训、技能提升都行。

这就叫，企业可以有闲事，但不能有闲人，你得让大家都忙起来。这个策略叫"不断搅动锅里的水，让所有员工总在运动当中"。中国古人讲"流水不腐，户枢不蠹"。运动是进步的基础，停顿了就麻烦了。所以宋江做的事情就是，给大英雄安排事情，给小人物也安排事情，而且安排得很正式、很紧张。让每个人都忙起来，这是了不起的。生命在于运动，管理在于折腾。

第二章

给你一个干的理由

宋江的精神激励策略

宋江会送，送得公，送得明，这是在给待遇的层面。在给待遇的基础上，宋江还给精神。

干工作，没有物质是不行的，只有物质是不够的。很多领导觉得，我给你钱了，我发给你工资了，你为什么不给我干活？干事业不光要有待遇，还要有精神、有理想。在这方面，梁山的几代领导——第一代领导"白衣秀士"王伦，第二代领导"托塔天王"晁盖，还有第三代原定接班人"玉麒麟"卢俊义——全都不如宋江高明。那么，宋江高明在哪儿呢？

《水浒》有个细节，英雄排座次之前，宋江在忠义堂前立了一杆杏黄旗，上书"替天行道"四个大字。这杆大旗和这四个大字，就是宋江领导能力高明的集中体现。所以建议大家，带领团队谨记"要做一个会树大旗的领导"。

树大旗这事，有什么高明的？这要从一个更深入的心理学的问题讲起。心理学专门有一个分支叫管理心理学。在管理心理学中，探讨一个主要问题：人为什么会工作？工作的驱动力在哪儿？结论很简单，人做工作、干事业，驱动力有两个：利益驱动和价值承诺。

屁股决定脑袋的理论根源

什么叫利益驱动呢？若说就是钱和物对人的驱动，这样理解也没错。但利益驱动的过程中，却有一个更深入的不容易被人发现的事实。

为什么狐狸精都爱书生

山东人蒲松龄的《聊斋志异》，是中国古代狐狸精文化的集大成者。中国作家对狐狸精钟爱有加，描写得特别美妙，很多美妙的爱情故事女主人公都是狐狸精。有一个外国女作家看《聊斋志异》，写了一篇研究论文，题目叫《从〈聊斋志异〉，看中国男人的爱情观》。写论文的关键在角度，她的角度就很好，还提了一个很关键的问题。《聊斋志异》里的天仙、地鬼、狐狸精都特别钟爱书生。可是你看看这书生多可恨！老是变心，老是出轨，老是祸害人。于是女作家的结论是：《聊斋志异》里的书生代表中国男人，特别是知识分子，在恋爱过程中的六大劣根——分别是"胆小、怕事、吃软饭、花心、好色、不负责"。可恨吧？可恨！书生这么可恨，为什么狐狸精还那么喜欢书生，每次书生犯完错、出完事以后，狐狸精都能捐弃前嫌、破镜重圆，还能跟他结婚，幸福地生活在一起，还有更加离谱的，结婚以后，狐狸精居然会把自己的师姐师妹，什么兔子精、刺猬精、蛇精都介绍给书生，这是为什么？

这个问题，女作家想不清楚了。再放眼望去，中国古代文化所有优美的爱情故事，唐诗、宋词、元曲、清代笔记小说等，男一号大多是书生。为什么书生这么受人喜爱呢？我告诉你，搞文学、历史、哲学的人，想得脑袋疼，都想不明白。我们不能光靠文史哲，还应该懂点管理学和心理学，从管理学、心理学的角度想这个问题，答案很简单，问：为什么狐狸精那么喜欢书生？答：因为写书的人是个书生。

要是杀猪的写《聊斋志异》，狐狸精一定喜欢杀猪的；打铁的写《聊斋志异》，狐狸精一定喜欢打铁的；你要写《聊斋志异》，那狐狸精肯定喜欢你这个类型的；我要写《聊斋志异》，狐狸精肯定喜欢上了《百家讲坛》、身高1.8米以上，尤其是正在研究《水浒》的博士。这叫利益点决定观点，通俗化地讲，就是屁股决定脑袋。这人哪，屁股坐在哪个利益点上，脑袋中就会自然有哪种想法。这是不受主观意志控制的。

　　所以看人先看利益点，看完利益点，他即使不说话，也能知道他是怎么想的。要改变一个人，先改变他的利益点，只要利益点变了，观点自然就会变。要了解人，先要了解他的利益点，观点是会撒谎的，但利益点不会，一看就准。利益是一个人在团队中，做工作、表达观点主张时最主要的驱动力。我们带小团队要看个人利益，带大团队要看分利集团。人是会撒谎的。看看《潜伏》里的余则成，你就能得出一个结论：中国男人太能装了、太厉害了。很多谎言是没办法看破的，但是没关系，你只要能看准利益点，自然就能明白。每一个团队成员都有特殊的利益点，会在细枝末节中表现出来。做工作要有利益来驱动人的观点和行为。

劫道与行道不只是一字之差

　　在利益分配上，宋江做得很棒。《水浒》的基本团队模式就是共享财富，即"大秤分金，小秤分银；大碗喝酒，小碗吃肉"。每次劫来的钱都是分作两半，一半小喽啰们分，一半头领们分，从不攒着，都给大家共享。在这个利益驱动的基础上，有一个新的问题产生了。前文说过，没有物质是不行的，只有物质是不够的。利益驱动，得有钱才行。水泊梁山这地方，弹丸之地。这一百零八条好汉啸聚山林，十万大军花天酒地，钱从哪儿来？不炒基金、不炒股，没有企业赞助，不当形象代言人，地底下既没石油，也没煤矿……

　　梁山公司要健康发展，没钱不行啊！我们猜想，那就必须有一群人默默无闻、兢兢业业，战斗在劫道和开黑店的一线。

所以一个公司在制定战略的过程中，一定要加上这一条："关注一线。"假如不包含这一条，你的战略就是一纸空文。在关注一线的过程中，梁山公司出问题了：梁山公司的一线员工大多干的是杀人越货、劫道抢人的买卖。让一个境界低的人去劫道，就像"小霸王"周通、"船火儿"张横、"矮脚虎"王英等人，他们杀人不眨眼，拿过来就抢、张嘴就骂、举手就杀，很容易。但是你让大英雄林冲、武松这样的人去劫道，劫一个无辜的老百姓，他好意思去吗？不好意思。这违反他的价值观，他觉得丢人。

水浒金传

林冲劫道怎么劫？大黑天去，黑纱蒙面，不敢露脸；枪不敢拿，拿把刀；马不敢骑，骑个驴。为什么呢？林冲曾是武术学校的教练，那是上过电视、搞过讲座的，人人都认识。林冲要去劫道，把枪一亮，人家问："林教授，你也干上这一行了？"林冲的脸"腾"地就红了，臊死了。所以得拿一把刀挡住脸，而且劫道时不敢说话。林冲上过电视，谁都能听得出这是林教授，所以林冲不敢说话。怎么办呢？就仨动作：第一，亮家伙，你怕我；第二，东西给我搁这儿，我要那个；第三，门在那儿，赶紧跑。林冲劫道就几个动作，先把那人吓跑；然后，林冲拿起包袱转身就跑，他比那个被劫的人跑得还快。

为什么有本事、够忠诚、有能力的人不出业绩？我认为主要原因是他对公司没有认同感。在团队当中，我们看到很多这种现象：小伙子有才华、有水平、有能力，但为什么不出业绩？就是因为他没有认同感。所以梁山公司在利益驱动的基础上，面临一个更大的挑战，就是如何培养认同感，特别是打家劫舍、抢无辜老百姓的时候，如何让所有人都认同这一"发家致富"的道路。让人家依赖你，这事容易，让人家认同你，这事难；让人家领你的钱容易，让人家认同你的挣钱方式很难！宋江面临这一挑战，愁死了。如何让这些英雄一边抢钱，一边认为这事有意义？最后宋江就想出一个辙来，立一杆大旗，上写四个大字"替天行道"——了不起呀！

让一个团队成员干事业，让他觉得实惠容易，让他觉得光荣难。但如果只有实惠，你这团队只能做低层事务，招揽不了高层人才。所以，高明的团队领导，要给低层的人实惠，给高层的人理想和光荣。这种理想和光荣，我们称为价值驱动。

让他看到利益容易，让他看到价值难。这就是为什么团队做到高级境界，一定要做文化，就是为了让人人都有价值认同，让大家有价值驱动。宋江做文化的一个重要手段，就是大旗上面的"替天行道"。

人的积极性从哪儿来？

第一，在工作中有个人利益、有实惠；

第二，让他觉得有价值、能认同。

愿景规划——另类的激励

梦想的鞭子胜过胡萝卜的诱惑

俗话说，万丈高楼平地起。任何伟大的事业，都是一块砖、一块砖一层一层垒起来的。当领导的，在打地基的时候，头脑里就有万丈高楼了，很壮丽。但是跟你一起干工作的员工，每天干的就是和泥、垒砖，和泥、垒砖……你说和泥、垒砖这事谁能热爱？当团队领导的，得让他们看到砖和烂泥背后壮丽的大厦。

在盖教堂时，一个牧师来了，问第一个泥瓦匠："你在干什么

呀？"泥瓦匠说："你没看见吗？我在垒砖、垒砖……累呀，烦死我了，天天垒。"问第二个泥瓦匠："嗨！哥们儿，你在干什么？"这哥们儿说："你没看见吗？我在垒墙。一面、两面、三面……累呀！烦死我了。"牧师转过来问第三个泥瓦匠："先生，你在干什么？"这人回头微微一笑说："你看看，我在建世界上最壮丽的大厦，这大厦要是成功了，我会青史留名呢！所以我今天要加班，一定要把它尽快建好。"

　　这三个人谁的工作效率最高？当然是第三个人，因为他心里有壮丽的未来，有光荣、有理想。

　　公司普通员工干工作，特别容易陷在和泥、垒砖的痛苦当中。领导要做的是精神提升，在员工每天和泥、垒砖的时候，亲自走到现场，在他背后展开一幅壮丽的大厦图，告诉他："你根本不是在和泥、垒砖，你是在盖这座大厦。这大厦对国家、对民族有……意义，世界第×……"讲完了意义，再告诉他，"小伙子，你的名字将在大厦建成之后，刻在墙上，作为大厦的一部分永久留存。"这是让他感到光荣。讲完以后，还要给他讲一件事，即有了愿景规划、远大理想提升之后，还要包含个人价值的实现。你得跟他说："小伙子呀，你看看这大厦第七层的房间是给我们员工准备的，第七层从右往左数第三间是你的，里边有鲜花、水果，还送家具、送装修，你的未来就在那儿了，加油干吧！"那小伙子肯定连夜加班，谁不叫他干，他甚至会拿砖拍谁。

做事业不容易，起步阶段我们做利益、做实惠很简单，但是达到一定层次了，企业要蜕变成大企业、基业长青型企业，就要靠愿景规划、远大理想提升。我在清华讲课时，学生问我："赵老师，企业发展分几个阶段？每个阶段都靠什么？"很简单，赚第一桶金靠的是资源和机遇，你地下有铁矿、有煤窑、有石油……行了！你有资源。还要拿到开采证或者正好有一个团队，他们要开采。这就是资源加机遇，保证你赚第一桶金。从第二桶金到第五桶金靠坚固的社会平台、稳定的人脉关系。从第五桶金到第十桶金靠有效的内部管理。很多大企业在创业阶段闪光，起步腾飞阶段闪光，但是做大了以后，一夜之间崩溃了。那就是因为内部管理不到位。外面市场现金流很好，中国的企业都是做经营、做市场的高手，但是内部管理、控制成本方面容易出问题。第十桶金以后靠文化建设。

佛家讲，"不光要念经，还要普度众生"。所谓罗汉行就是只超度自己，所谓菩萨行就是先普度众生，"我不下地狱，谁下地狱"，众生不成佛之前我不成佛。这叫境界！假如你有了这种愿景规划、远大理想，团队就会跟你前进。

强盗不可怕，就怕强盗有文化

团队文化还有什么用？可以防止内部出现重大问题。一个公司出了事之后，第一个反应是什么？公司的一把手该负责任，先撤了。一把手说："我冤枉啊！我下面这么多人，每天的事千头万绪，我虽然是一把手，但不能一天到晚盯着他们呀！所以你处理我，处理得多冤。"很多人都觉得出了事以后，处理一把手比较冤。一个公司出了事情后，一把手到底应该负多大的责任？我的观点是，出了事就得处理一把手。

任何一个大事故发生之前，都会有迹象，这个迹象就是预警信号。在企业中也是如此，流程有问题，标准有问题，肯定会有迹象。这个迹象只要下边的人向领导汇报一下，马上就解决了。可事实是，显出了那么多迹象，发现迹象的人超过一百个，居然没有一个人汇报。哪怕有三个人向上级汇报，也不会出那么大的事。为什么没人汇报？因为下边的人觉得："我为什么要汇报？出事更好，出了事，把你们都换了，再找一个更好的领导。"

做大事，要让普通员工有实惠，让高层的人有理想。怎样防止普通员工出大事？就得靠别人给你盯着。普通员工有实惠了，那么他就因自己已经拿得很多了，出于良心、出于回报、出于情感，会帮忙盯着。高层的人因为有理想了，他会出于责任、价值观、个人主动性而帮你盯着。很多公司却违反这个规律，这样公司做得越大，越容易出事。出一次事、两次事是个别问题，要是总出事、处处出事、天天出事，那肯定是公司领导和公司制度的问题。

有一个营业厅总丢东西。丢一次，总经理处理一个营业员；再丢一次，又处理一个营业员；丢第三次，还要处理一个营业员。其实总经理大错特错，不应该处理营业员，而应该处理营业厅负责人和这个营业厅管人事的员工。如果再出事，总经理就得引咎辞职，因为这完全是总经理没有管好下属的问题。

管理中有一句话，"一个人的问题是个人问题，几个人的问题是领导问题，一群人的问题是制度问题"。所以，一个人出事处理他本人；如果他反复出事，或者是好几个人在同一件事上出事，那得追究领导责任；如果一群人出事，甚至整个公司都出事，换了好几个领导也解决不了，那麻烦了，就得考虑制度调整。

回过头来看，宋江树大旗，代表了宋江对团队管理有了很深入的理解。管理团队，要两条腿走路，既给物质也给精神，给物质比较容易，给精神比较难。因为给精神要达到一定的境界，宋江提倡的"替天行道"，就达到了一定的境界。

在给精神的过程中，有一个问题需要注意。很多领导都特实在，实在到糊涂的程度。他们说："朋友们，我们干这个事业，也没什么别的目的，其实就是挣钱养家。大家把这个钱拿回去，该怎么花你就怎么花。咱们也甭讲得那么高，都是实在人，该挣的钱就挣，只要有机会咱们就拿点。"他们觉得这样讲很贴心，这种实在的领导很多时候讲个人、讲家庭、讲眼前利益，讲完之后，听见员工鼓掌说"领导真实在"，领导自己还很得意。殊不知，实在的领导做小事，高明的领导做大事。光实在不行，把实在的问题展示了，把眼前实惠讲完了，只能调动低层次的人，不是思想水平低，而是生活层次低的人。这些低层次的人干工作就为温饱，领导讲点实在的，给点实惠，当然开心。但是在我们的团队中，真的人人都是为温饱吗？不是。有些需求层次高的人，需要理想的提升。所以高明的领导，在实在的基础上，还得设计一个远大的理想。

干工作如同建设一栋大厦，一到十楼叫实惠，十楼以上那叫境界。如果没有实惠，上来就讲境界，讲理想，那是空中楼阁。但是一直在讲一到十楼的事，没有更高的境界，只能是低矮的楼房。

总之，当团队领导，得上下结合、高低结合；既用物质手段，又用精神手段。宋江在这方面做得很棒，值得我们认真地学习。

第三章

找对人才能做对事

领导必备的小班底

在我国的传统文化中，处理激烈的人际冲突有一个很重要的方法，即条件思维。不追求观点一致，结论一致，而是通过改变条件，使双方和平共处。所以"和"是要讲条件的，孔子说过："君子和而不同，小人同而不和。"和，即条件相容，和平共处。同，即结论一致，观点一致。这句话就是说，高水平的人，追求条件相容，和平共处，不强求观点一致，结论一致；低水平的人不考虑条件、对象和场景，非得强求结论一致，观点一致，结果会引发更多的矛盾冲突。

我们进行管理要追求的，是多样化的"和"，而不是单一的"同"。我们要追求的是共和，而不是共同。团队中都是一种人，都是一样的思维，有什么好处？没有好处！要多样化，就得讲条件，通过改变条件大家和平共处，这叫条件相容。

梁山公司最大的挑战就在这"和"字上面，你看梁山公司的团队中有皇室贵胄、草莽英雄、市井无赖、畏罪潜逃的逃犯、重要的军事将领、满怀理想的书生和江湖上身怀绝技的各种类型的人。这些人水平不一样，境界不一样，身份不一样，价值观不一样，对钱财的态度不一样，对生活的态度也不一样……你怎么把他们"和"起来，凝聚起来？在用人安排上，使用怎样的策略让大家人人干事业，处处努力奋斗作贡献，这是一个非常具有挑战性的问题。梁山公司在这个问题上，给我们提供了一个标准的范本，它展示了一个团队如何应对这种多样化的挑战。

我们来看看梁山的英雄排位技巧。在这个技巧当中，有很多手段值得我们去学习。其中最关键的是，宋江在给英雄排位的时候，实际上搭了两个班子：一个小班子，一个大班子。

做不好人事就做不了大事

大家记住，一个领导在带队伍、做工作、做事业的时候，一定既要有大班子，又要有小班子。大班子管工作，小班子管生活；大班子管战略，小班子管事务。

首先，我们来看看宋江是怎么搭小班子的。

我们认为，小班子有五种经典的角色，这五种角色就像一只手的五个手指，都得有。这五个手指搭好了，你的工作效率会极大地提升。

替心的角色——帮领导解决难题

什么叫替心的角色呢？领导是发现问题、提出问题的，但不一定自己想方案、找答案。那答案由谁来找？总得有人替你想，替你设计，这个人就是替心的角色。刘备找到了诸葛亮，朱元璋找到了刘基，宋江就找到了吴用。你的团队当中，也要有一个理论水平特别高，给你出谋划策的人。一般来说，这样的人自律性很强，但是如果认为对他们不需要管理，那就大错特错了。连诸葛亮那样的高人都会犯错误，所以我们真得注意。对于替心的角色，我们在日常工作中应该怎么管？

好管！可以借鉴中国的一种游戏——象棋。象棋这种游戏很高明，它展示出了若干管理规则，我们只谈其中的一个兵种——士。老将（帅）旁边有两个士，士，就是领导身边的谋士，出主意的人。象棋很完整地提了三个规则，用来管谋士、管顾问、管动心眼的人，非常有效。

第一个原则：下象棋走士叫什么？叫支士。就是说，谋士只能支着、提方案，不能拍板做决策，决策权要留给领导。谋士如果既提方案又做决策，那就会出现大问题。这是管理谋士的第一个原则。

第二个原则：象棋中的士，不管怎么走，都走不出九宫。它告诉我们，出主意、动心眼的谋士，不能离开九宫去搞执行。因为他只有理论，没有太多实际的工作经验，你让他做基层工作，有可能出现风险。

第三个原则：在象棋中，只有士是必须走斜线的。它告诉我们，不能让出主意的人露正脸。我们常说幕后策划，就是说出主意的人躲在幕后，悄悄策划，不能露正脸，不能让别人知道他们在做什么方案。这样做，有两个原因：

其一，出主意的人要是被别人知道做什么方案，就会有人来"请"

和"托"，一请一托就会有私心，方案就不公正了。所以我们一般不让出主意的人向外泄露自己在做什么方案，尤其是待遇方案、人事任用方案，否则就违反原则。

其二，不能让出主意的人走上前台。方案是他的，他来公布，他闪光了，你往哪摆？他有名有才，又有号召力，你怎么办？

回过头来看诸葛亮。诸葛亮一生中最大的恨事就是用错马谡失街亭，致使北伐功败垂成。诸葛亮为什么派马谡守街亭？

第一，诸葛亮有私心。北伐志在成功，成功之后，街亭一定是所有将领中的第一功。谁有这功劳，谁就可以当接班人，这功劳不能给别人，就得给自己人。他把这功劳留给马谡，明显有私心。

第二，诸葛亮有信心。他认为，只要我操作，一定能成功。

由于既有私心，又有信心，混合在一起，他决定派马谡守街亭。马谡就是参谋助手，是诸葛亮身边的"士"。诸葛亮这一人事安排犯了三大经典错误：

其一，让出主意的人不但支着，还拍板，到一线做决策；

其二，让出主意的人离开指挥部，到一线带队伍搞执行；

其三，让出主意的人露正脸，公开带队伍。

我们相信，诸葛亮因为根本不了解这个规律，所以才有街亭之败。一件大事的失败，首先是人事任用政策的失败；一件大事的成功，首先是人事任用政策的成功。一个英雄脱颖而出，背后一定有一个高明的领导和一套非常到位的人事任用政策。

所以说，做大事，首先是做人事。做公司也是如此，没队伍不行，队伍带不好也不行。

对于替心的人，必须得有很到位的管理。曹操就不犯这样的错误。他手下的几个谋士，比如郭嘉、荀彧、荀攸、贾诩等，曹操会让他们守街亭吗？会让他们当如此重要的职务吗？不让！他们负责出主意就行了。

这一点宋江做得也很好。吴用那么大的才华，那么深的计谋，那么高超的水平，但是宋江从来不让吴用直接带队伍，不让吴用直接指挥团队。每次战斗方案宋江都是自己拍板，战斗命令自己下，而且只让吴用在指挥部待着，也不让他去一线。

领导身边要有个摇扇子的人，对这种摇扇子的人，你只让他摇就好了。

我们现在很多企业，会引入咨询公司。咨询公司不是一个摇扇子的人，而是一群摇扇子的人。他们怎么摇？乱摇。

让咨询公司到一线，指手画脚，影响执行，就是乱摇。让咨询公司既帮自己支着，又帮自己拍板，而且很多事情让咨询公司代表自己提方案，安排工作，这就乱了。结果，等咨询公司把扇子摇乱了后，你一跺脚说："你把我的企业都整坏了，给我滚！"摇完了咨询公司就滚了。

这样，既起不到顾问的作用，还会把企业搞糟。所以我们对待咨询公司，也要用象棋的原则。

替口的角色——帮领导打退强敌

什么叫替口的角色？就是有些话，我们不方便说，有人替我们说；有些事，我们不方便做，有人替我们做。我们身边有个摇扇子的人，还要有个抢板斧的人，替公司争待遇，替公司说狠话，能以野蛮手段表达。他表达完之后，给我们用文明手段争取更多的空间。谁能扮演黑脸的角色？就是李逵。

替身的角色——替领导四处出席

什么叫替身的角色？领导很忙，一天到晚得出席各种场合：开会、吃饭、见人、参加婚礼、听报告，都得亲自去。大事小事都让一把手去，你哪有那么多时间？怎么办？总得派一个人代表你去。宋江派的是谁呢？就是二把手卢俊义。

但作为一把手得记住，团队当中能代表你去参加会议的人，一定要有三个优点。没有这三个优点，或者他代表你的过程中，违反了这三点，下次绝不能让这个人去。

第一点，不谋心。谋心就是揣度一把手的心思。这种能做你替身，以你身份出现的人，如果琢磨你的心思，那他就是憋着坏呢，至少他是在为将来取代你打基础。

第二点，不利私。说话办事从来不以个人名义，而是以公司名义或领导名义，这叫不利私。这样的人跟着领导干工作，替领导出面，才做得好。

第三点，不越权。凡是遇到重大情况，都能先请示汇报，被动解决。什么叫被动解决？请示领导之后再解决。手机随时开着，有什么事都问领导。"他们要咱们捐 5000 块钱，捐不捐？捐的话，谁签字？我请示一下。"很多人忽略了这一点，领导让他代表自己参加活动，他大嘴一张，大笔一挥，"5000 块钱捐了""这个人我们要了""那件事我答应了"。他嘴上没把门的，什么都替你答应了，答应完了他又不管，会给你带来无穷无尽的烦恼。

所以，不谋心、不利私、不越权，这样的人去给我们当替身是最合适的。卢俊义为什么能代替宋江？因为卢俊义在这方面做得很好。

替手的角色——帮领导做好杂事

什么叫替手的角色？就是帮你处理日常琐碎事务的人。买个飞机票、订个午餐、买瓶矿泉水、送个文件、复印个东西、给汽车加个油、给门口贴张纸条……这类的杂事，总得有人干。一把手也是人，工作、生活一大堆事，你要是不干，让谁干？让身边的秘书干。替手的人，就是领导身边干琐碎事务的人。

宋江在安排替手的人上，费了颇多的心思。他安排了四个人：守护中军跟着宋江的头领两名，分别是"小温侯"吕方、"赛仁贵"郭盛；守护中军跟着二把手卢俊义的头领两名，分别是"毛头星"孔明、"独火星"孔亮。

我当初看《水浒》的时候，很认真地想过这个问题。守护中军是一个极其重要的工作，在领导身边工作，事关重大，大事小事都很紧要。为什么宋江会选吕方、郭盛、孔明、孔亮？后来我找到原因了，在《水浒》中，从吕方、郭盛的出场，可以得到两个信息：第一，吕方、郭盛不是江湖儿女，人家是搞企业的，而且家里也没有任何江湖背景，是两个没有背景的年轻人。第二，吕方、郭盛人际关系简单，跟梁山上任何一个山头、任何一个头领，过去没有任何联系。

领导用贴身助手，就得用背景简单、资历比较浅的年轻人。原因有两个：第一，贴身助手在你身边跑腿办事，你难免指手画脚。要是用一个资格老、背景深而且自尊心很强、很牛的老员工，你对他指手画脚，周围人会戳你脊梁骨，老员工自己心里也不舒服。你跟他打交道，还得敬畏三分、委婉道来，生气忍着、憋着，那你累不累呀？所以身边得放一个年轻人，指也指得，点也点得，骂也骂得，打也打得。年轻人用起来比较方便，就算说得过分一点，也没关系。

第二，他是你的秘书，一天到晚跟你在一起。你去哪了，见谁了，说了什么话，他都知道；他拿着你的钥匙进办公室，桌上是什么，抽屉里装什么，他也知道。假如他背景很深、关系很复杂，很容易泄露你的信息。比如他回到家里，参加朋友聚会，跟周围的哥们儿姐们儿聊天时，明着不说，暗着说，有意不说，无意说。说者无意，听者有心，在他的复杂背景中，说不定谁捡了他的一句话，回去小题大做，都会给你带来无穷无尽的烦恼。用背景太深的年轻人，也会给你带来烦恼，何况是用背景太深的老员工？

所以领导用助手，要用资历浅、背景简单的年轻人，又安全又好用，过两年就提拔他，提拔起来之后再用一个，这是正确的方法。宋江能做到这一点，用这两个人，代表了中国人搭建小班子的高明智慧。做大事，是要从小节、从身边的人开始的。

那宋江为什么给二把手安排"毛头星"孔明、"独火星"孔亮呢？道理也很简单，孔明、孔亮是什么人？特搞笑，孔明、孔亮自称是宋江的徒弟。大家想想，宋江武功怎么样？手无缚鸡之力呀，没什么武功。而自称他徒弟的孔明、孔亮武功怎么样？"毛头星"孔明曾经跟"双鞭"呼延灼大战数十回合，可见孔明的武功并不弱。武功高的人，居然管武功那么烂的宋江叫师父，说明他在拍宋江的马屁。宋江把自己贴身的两个小徒弟，塞到卢俊义身边，给他管事务。这说明，直到这时，宋江对卢俊义还没有放弃监视。

二把手给一把手管事务，一把手安排自己的人给二把手管事务，再找个年轻、没背景的人给自己管事务，这就是梁山在班子搭建上的智慧，这智慧很值得玩味呀。

替脸的角色——帮领导打响名气

替脸的角色就是帮领导争面子的人。宋江选的是谁？"小旋风"柴进。柴大官人可不是一般人，见官大三级，了不起呀。

水浒金传

宋江，跟朝廷谈招安，朝廷来的都是级别比他高的官员，人家撇撇嘴，都不愿理宋江。丢人吧？没关系，宋江带着柴进。柴进见官大三级，朝廷来的人也不敢违反太祖的丹书铁券。所以见到柴进，马上鞠躬，说："柴大官人你好。"柴进一转身，瞅着宋江说："宋大哥，您请。"宋江往里走的时候，还拍拍柴进的肩膀，说："小柴呀，以后别穿这衣服了，多难看呀，注意个人修养，注意形象吧。"柴进说："是，大哥，我下次一定注意。"宋江大摇大摆地进去了，那多有面子呀，立刻让那帮人刮目相看。你们不捧我没关系，你们捧他，我让他来捧我，这叫借光，这叫抬轿子。

我们新到一个公司，新到一个地方，员工不认可我们，客户不认可我们，怎么办？找一个在当地有面子、有名气，大家认可的人，让他出场来捧我们，来抬我们，这叫只有权威才能产生权威，只有闪光才能增加闪光。

替脸的角色就是一个有名气、有威望，大家都服的人。让这个人帮你争面子，让这个人闪光，让他当众向你表示尊敬，然后你当众再教育他两句，从而显得你很有面子。这样一来，周围的人就对你尊敬有加，工作就能顺利开展了。

宋江在选择替心、替口、替身、替手、替脸这五种角色上，颇费心思，但收获颇丰。其中，替心、替口这两种人最重要，也最难找。

摇扇子的做领导不会做的事

在梁山每一次重大的权力交接中，都有吴用的影子。第一代领导王伦交给晁盖；第二代领导晁盖交给宋江；宋江跟晁盖指定的接班人卢俊义争位子，走上了最重要的岗位；朝廷招安：每次梁山有重大活动，吴用都在场。比如，王伦丢性命，操作的是林冲，策划的是吴用。吴用只言片语，就"激励"了林冲，一刀把王伦给捅死了。

为什么说吴用高明呢？因为聪明的人只是聪明，高明的人会使用自己的聪明。我们看，三国时的杨修是怎么死的？是"聪明"死的，他不会运用自己的聪明，聪明反被聪明误。吴用为人处世都很得体，特别是在做事情中，特别会运用自己的聪明。聪明人会做傻事，这叫智慧。努力的人会慢半拍，这叫高明。聪明容易，高明难。吴用身上有很多特别高明的地方，值得我们，尤其是自以为很聪明的人去借鉴。

观人有术——细节决定好坏

吴用是一个会做傻事、会慢半拍，该不出手就不出手的人。在现代团队管理中，做事业就像开车，你会踩油门，那是力量，你会踩刹车，那叫智慧。光有力量，没有智慧，就会车毁人亡，害自己也害别人！有了智慧，没有力量呢？没关系，顶多咱不走了，但不至于造成伤害。吴用是一个既会踩油门也会踩刹车的人。

在我们的团队中，很多人以聪明人自诩，以有智慧的人自居，但是，我们跟吴用比一比，就知道什么叫聪明和智慧了。中国古人有一句话叫"大德始于自制，大智莫若知人"，就是说，高尚的道德情操从自我管理开始，高明的人会看人。吴用的高明首先高在他会看人，而且看得特别准。

在火并王伦的整个过程中，吴用只是在暗中推动，那是因为吴用早就看出这件事情要靠林冲，要由林冲来动手。我们来回顾一下，首先，吴用看出来王伦不想留他们七人。

> 筵宴至晚席散，众头领送晁盖等众人关下客馆内安歇，自有来的人伏侍。
>
> 晁盖心中欢喜，对吴用等六人说道："我们造下这等迷天大罪，那里去安身？不是这王头领如此错爱，我等皆已失所，此恩不可忘报！"
>
> 吴用只是冷笑。

> 晁盖道："先生何故只是冷笑？有事可以通知。"
>
> 吴用道："兄长性直。你道王伦肯收留我们？兄长不看他的心，只观他的颜色动静规模。"
>
> 晁盖道："观他颜色怎地？"
>
> 吴用道："兄长不见他早间席上与兄长说话，倒有交情；次后因兄长说出杀了许多官兵捕盗巡检，放了何涛，阮氏三雄如此豪杰，他便有些颜色变了。虽是口中答应，心里好生不然。若是他有心收留我们，只就早上便议定了坐位。杜迁、宋万这两个自是粗卤的人，待客之事，如何省得，只有林冲那人，原是京师禁军教头，大郡的人，诸事晓得。今不得已，坐了第四位。早间见林冲看王伦答应兄长模样，他自便有些不平之气，频频把眼瞅这王伦，心内自己踌躇。我看这人，倒有顾盼之心，只是不得已。小生略放片言，教他本寨自相火并。"

你看吴用口气多大，"小生略放片言，教他本寨自相火并"。片言，即三言两语，就能让山寨火并起来，真是高人哪！

吴用明白：我们要夺王伦的权力，但不能自己动手。你来了，人家死了，让你带领山寨，这叫继承人家的事业；你来了，人家没死，你把人整死了，然后占领山寨，这叫侵占人家的事业。我们要继承事业，不能侵占事业，要不然以后脸上无光，事业不发展。但是，他必须死，他不死怎么办？我们不能整死他，就得让他的人整死他，然后我们再来，这还是继承，不是侵占。所以，一上梁山，吴用就锁定了林冲，吴用就知道王伦一定得死在林冲手上，梁山才有下文。这就是吴用的高明了，他特别善于察言观色。这种察言观色，在现代的心理学和人力资源管理中，有一个专门的词语"看微表情"来描述，就是通过一个人某些细微动作看到他的内心世界。

中国古代会看微表情的高人多了，如张良、陈平、诸葛亮、刘基……沿着中国的文化一点一点往上推，在春秋时代，有一个人，堪称看微表情的高手！这个人是谁呢？就是孔子的学生，子贡。

孔子的学生里，道德风范最高的是颜回，最有勇气的是子路，最聪明的要属子贡。

鲁定公和邾隐公要结盟。结盟时要搞一个盛大的仪式，孔子便带着学生前去观礼。坐着马车回来的路上，子贡沉默不语。孔子就问子贡："参加完这么盛大的一个仪式，你怎么这么沉默呀？你看出什么来了？"子贡说："老师啊，我看出来大事了，邾隐公和我们的主公鲁定公都将出事，有可能是性命之忧。"孔子说："这话可不要瞎说。你是怎么看出来的？"子贡说："在举行盛大仪式的时候，要祭天，献玉圭。做这么重大的事情，一个人应该采取什么态度呢？应该精神饱满，从容不迫，举止有度，这叫一团和气。我看到邾隐公去献玉圭时，拿着玉圭，撇着嘴，腆着肚子，扬着头，得意扬扬，一副老子天下第一的样子，上去之后把这玉圭往那儿一搁，撇着嘴就下来了。可见，邾隐公一定是个高傲自大的人。一个人在那么荣华富贵的位置上还高傲自大，他一定缺乏跟下属的亲密接触、及时沟通，不能礼贤下士，那么这个人早晚会出事，我担心他会死于内乱。鲁定公祭天的时候，拿着玉圭，没有一团和气，只有一团病气，垂头丧气，佝肩塌背，两眼发直，'噔噔噔'上去，把玉圭搁那儿，叹了口气，神情呆滞地退了回来。做这么重大的事情连点精神头都没有，我担心他有暗病要爆发啊！鲁定公是东道主，所以东道主先出问题，我断定鲁定公今年一定先得大病死去，然后是邾隐公因内乱失去王位。"

事实证明，真的像子贡说的那样，鲁定公病死，邾隐公遭遇内乱。孔子后来就感叹说："我们这个聪明人真是了不起，从这么一个细微的小环节就能看到这么大的形势，子贡真是一个能人。"

通过子贡这个案例，我们就能看出来，看微表情：第一，看一个人做事情的精神状态，大场合看小处，即在一个非常大的场合，看一个人做小事情的精神状态，是不是精神饱满，一团和气。垂头丧气的人和得意扬扬的人，都有问题。中医讲，草木得天地之偏气而茂盛，人得天地之和气而茂盛。得正气人才能不卑不亢，喜气洋洋，一团和气，而且，才能守得住富贵。

第二，看一个人的行为和主张的差异性。你看，吴用像子贡一样，看到了那个场合当中林冲的微表情，发现林冲没有中和之气，全是狠气、怨气，所以，林冲要闹内乱。紧跟着吴用又看了王伦的特征，王伦嘴上说的是"热爱员工、热爱江湖、团结队伍、团结好汉"，主张上很到位，但行为上左顾右盼，没有任何措施跟进，没有制定任何制度，而且他说的那些话自己一条都做不到！主张一种东西，但是，完全不按这种主张去做，这种人就不是什么好人，而且早晚得给自己惹祸。在团队管理中，有些事情我们做不到，可以不主张，但主张了就一定得做到，怕就怕自己主张自己做不到，还让别人去做，这种人在领导岗位上早晚得出问题。

有些领导，他主张的事其实非常小，每天大家都得按点上班。但可怕的是，领导自己天天迟到。既然你自己天天迟到，就别要求大家了！不，他迟到就算了，别人差两三分钟，他开会时还骂人家。有人急了，站起来说："我就迟到两三分钟，你迟到半个小时，怎么说？"他说："我是领导啊！我有事，你不行。你们都得按时到，我特殊，我不用按时到。"这就叫"主张一套，自己做的是另一套"，这样的领导都会出事。吴用断定王伦，一是不会把他们留下，因为他的行为和主张是有差异的；二是迟早得出事，因为他一贯有差异，没有人支持他，会造成内乱。

第三，看一个人的人际关系的稳定性。吴用为什么确信他们七条好汉可以把水泊梁山这上千人的公司给拿过来，他就不怕被王伦手下的人报复吗？吴用不怕，因为他准确地看到了王伦跟周围人的人际关系状况。

他发现，王伦是一个狭隘的领导，容不下能人，他的手下都是比他还面的人；王伦容不得下属成长，会给下属规定条条框框、戴帽子，下属跟他不是一条心。所以，通过跟左右的关系，通过下属的状态、忠诚度、能力发展，吴用就得出一个结论：没关系，即使我们杀了王伦，也没人向我们发难，我们应该可以顺利地夺过梁山来。

你想，王伦要是换成李世民，吴用敢谋划夺梁山吗？光秦叔宝、尉迟恭这两个人，就能把他们七星打趴下。而王伦身边，只有一个"摸着天"杜迁，一个"云里金刚"宋万，闪烁其词的"笑面虎"朱富和"旱地忽律"朱贵，还有一个满脸怨气的"豹子头"林冲。

所以，如果我们不知道一个领导什么样，就看他周围的人什么样，通过他周围的人，我们就能判断这个人的本质和特征，这叫观人观交。吴用把做事情的精神状态，行为、主张的差异和观人观交这几点结合起来，最后得出三个结论：一、王伦没威信，他死了没人心疼；二、林冲有怨气，他必然要动手；三、林冲整死王伦以后，梁山是一盘散沙，我们可以立刻掌控这支队伍。于是，吴用开始谋划火并王伦，他是怎么操作的呢？

水浒歪传

第二天，吴用先使用了问题引导的方法，跟王伦说："我们要走了，没关系，我们有机会再聚嘛！"但临走之前，他跟林冲单独说了几句话，他说："非是吴用多事，王伦理应把头把交椅交给你林教头，否则就委屈了你林冲。"这叫引导法，引导林冲内心的怨气爆发，结果林冲不经意之间就说了："王伦心术不定、语言不定、难以相聚，我跟他在一起，我受委屈，确实是很不痛快。"通过这一句话，可见吴用的引导法成功了。

吴用使用的第二种方法叫激将法，吴用说："你说王头领语言不定，嫉贤妒能？不对啊！我看王头领一团和气，对我们也这么好，还要收留我们，他怎么可能是那种狭隘的人呢？"结果林冲一跺脚说：

"那都是这个鸟人装的！他最坏，你看他说要留你们，其实根本就不想留，他决定要把你们都给轰出去，而且，他轰人的这一招在我身上已经用过了。"说着话，林冲气得胸脯子一起一伏的。

吴用一看激将法有效了，紧接着又使用了挑唆法。在亭子上要分别的时候，吴用说："王头领这么难，我们也就不为难你了，我们走了。"结果林冲就急了，跳出来说："你不能让他们走。"王伦把金银珠宝拿出来，被林冲一脚踢翻了。林冲其实就是想表达一下怨气，他在踢金银珠宝的时候，并没有想到要捅死王伦。结果吴用说："林教头，千万不要火并啊！"这叫小行为定大方向，一下子把林冲的行为定了性了。王伦一听害怕了，说："林冲，你敢造反？"林冲被逼到造反的地步，索性就站在石头上，吼了一句："老子造反，又怎么着？"林冲造反的时候，也没想到要捅死王伦，而是想着吓唬吓唬他，让这些好汉留下来就行了。王伦害怕了要走，这边早安排好了，三阮啊，刘唐啊，就把王伦给包夹住了。

夹住之后，林冲跟王伦对峙，两个人都不知道下一步该怎么做。关键时刻吴用就教唆了第二句："林教头，千万不要伤害王头领的性命啊！"林冲一听："对啊！我能捅死他。"于是，林冲抽出刀来，王伦一看要逃，旁边那几个人架住王伦说："王头领，息怒，息怒！王头领别走。"林冲上来，"扑哧"一刀，就把王伦捅死了。

这时，吴用又用了第四个方法，叫挤对法。林冲捅死王伦之后，吴用说："林教头，我知道你早想当梁山之主，你把他捅死了，现在，你来当这梁山之主吧。"林冲是红脸汉子，大英雄啊！怎么可能为名利杀人呢？林冲把刀一扔，说："吴先生，你说错了，我才不想当这梁山之主呢。我就是看不过这鸟人，才捅死他的。"吴用问："你真不想当梁山之主？"林冲说："我真不想当梁山之主。"这时吴用拍拍林冲的肩膀说："好兄弟，我们也知道你不想当梁山之主，那么，我们让晁天王来当梁山之主吧。"林冲点头称是。

就这样，吴用逐步把事情引导到自己预想的方向上来了。这些引导的方法完全在于吴用对于林冲、王伦这些人内心世界把握得非常准确。

做事有度——该出手时才出手

一般来说，聪明人最大的优点是聪明，最大的缺点是太聪明。《射雕英雄传》的男主角郭靖，是最笨的一个人，但是他娶了好老婆，学了绝世武功，名动天下。他不属于聪明的人，而属于高明的人。吴用就很高明，前面说了他观人有术，除此之外，他还高明在做事有度。

首先，我们来看吴用的做事方法，在此之前，先看一个案例。这个案例说出了聪明人的第一道难关。聪明人有三道难关：第一道叫认同关；第二道叫感情关；第三道叫安全关。这三道关都过了，你才能活下来。笨人只需要过感情关，跟人家成为好朋友就可以了，聪明人却要过三关。所以看看我们周围，笨人活下来的可能性大，聪明人活下来的可能性小。

春秋时期有一个著名的医生，叫扁鹊。扁鹊见蔡桓公的故事，大家都比较熟悉。除了见蔡桓公，扁鹊还给当时很多国家的王公贵族做过推拿按摩和针灸。扁鹊在见另一个牛人——魏文侯时，魏文侯就问他："你的医术这么高明，在全天下能排到第几呢？"扁鹊一乐，说："我呀，一般一般，全国第三。"魏文侯说："不对呀，我听说你是第一呀！"扁鹊说："不是。我家兄弟三人，我大哥排名第一，我二哥排名第二，我排名第三。"魏文侯说："那两个人我可没听说过，我就听过你，那你说，他们俩的医术都比你高在哪儿？"

扁鹊说："我大哥水平最高，他能治病于无形。他会望气，看看你的精，看看你的气，看看你的神，就能断定你的病。他医治的时候，使用的全是日常食品，这就能救命了，了不起吧！但是被我大哥救过的人，从来不认为我大哥救了他们的命，他们都以为我大哥是个高水平的厨师。所以，他治病连价都要不上去，家里仅仅温饱，在街上开一小门脸儿，自己以为是诊所，其实大家以为是卖早点的。

"我二哥，比我大哥次一点，他不能望气，但会看形。那气是无形的，别人看不见，形，大家都能看见。他看你身体的形状，根据金木水火土五行，配上你的行动坐卧、言谈举止，就能断出你有什么毛病。我二哥能比较早地发现毛病，你以为每年到医院做一下体检，你就健康了吗？体检时发现不健康，你就麻烦了。我二哥比那早多了，因为发现得比较早，所以他治病不用药，给你敲敲点点，推拿一下，或者给你开点什么营养方子，一喝，就没事了，救了命了！但是所有被我二哥救过的人，都不认为我二哥是高明的医生，他们都认为我二哥是个营养师，顶多上上《满汉全席》之类的节目，评论一下菜品的营养。

"我既不会望气，也不会看形，辨症治疗之类的也不懂。我治病，第一得等，等人快死了，病症都发出来了，折腾得死去活来；第二得试，下一剂药，把他折腾个半死，估计这药不合适，再调第二剂，让他活过来。但是所有被我折腾过、等死过的人，活过来以后都认为我是救命恩人，把我当成一生惦记的目标、崇拜的目标。所以我很惭愧，虽然我名满天下，但这恰恰证明了我水平不高啊！"

魏文侯听了，眨巴眨巴眼睛，说："你说的虽然是医术，但是我悟到了治国之道和用人之方。"

※※※※※※※※※※※※※※※※

我国古代兵法当中有一句很棒的话，"善战者无赫赫之功"，就是说，真正高明的指挥者不会建立名满天下的战功，因为他可以制敌于无形，在战争没有扩大之前，就把战争消除了。虽然他的贡献很大，但是基本上没有人认为他会打仗，因为没见识过嘛！你动手太早，效果不好，就是这样。真正聪明的人，真正有水平的人，面临一个共同问题就是，做事情在哪个节骨眼上入手，最能得到认可。我们生活在一个认可的年代，不让员工认可你得"死"，不让领导认可你得"死"，不让客户认可你得"死"。所以获得认可非常重要。

从古到今的所有厉害的人，都要过认可关，再有本事，没人认可也是白搭，会委屈死的。吴用是怎么获得认可的？吴用有一招，叫只有关键时刻才出现，不到关键时刻不出现。《论语》中也说过："不愤不启，不悱不发。"即你不着急我不给你提意见，我提了意见，你不认可，你的评价就比较低。我非得等你着急了，才给你提意见，而且我的意见特别到位，一句话就把你的火给扑灭了，那你就认可我了。这叫抓关键时刻，吴用抓关键时刻抓得很棒。

我们看《水浒》第 47 回《扑天雕双修生死书　宋公明一打祝家庄》和第 48 回《一丈青单捉王矮虎　宋公明二打祝家庄》。

水浒全传

宋江上梁山之后，第一次组织大规模的城市攻坚战，攻打祝家庄，浩浩荡荡一干人到祝家庄去了，但是这次吴用没跟着去。吴用当时的身份是晁盖的军师，他是原班人马，是晁盖这 12 个人中的一个，所以吴用选择的是，在幕后等待机会，不要一开始就参与。宋江也没瞧得起吴用，宋江认为，我自己的人足够了，有这么多好汉还怕啥？所以宋江带着一干人马就去打祝家庄了，把吴用还有刘唐、三阮等晁盖的人都留下，跟着晁盖，镇守山寨。

　　结果宋江去了，因为军事指挥不当，出大事了，"锦豹子"杨林、"镇三山"黄信、"霹雳火"秦明、"矮脚虎"王英、"火眼狻猊"邓飞，这一干人全被活捉，还伤了"摩云金翅"欧鹏。宋江晚上很痛苦，暗想："祝家庄原来这么厉害，我打不过。刚上山寨，就败成这样，以后我怎么做人？被敌人打败没关系，被自己的人瞧不起，活不下去呀！"焦急得睡不着觉，正在此时，外边报事的进来，说："军师吴学究，带着三阮和吕方、郭盛还有几百个人来看你，到大寨听令。"宋江把吴用引进来，吴用就问宋江："最近胜败如何？"这是探听状况。宋江一听，说："一言难尽啊！愁死我了。要不打败祝家庄，救出这几个人来，我宁愿死在此地！"宋江自杀的心思都有了，关键时刻再看吴用是什么表情，吴用根本就没拿它当回事。他心里想，你这点事我早就知道，我早料到你要遇到困难，你要不着急如何知道我的作用。吴用笑道："哥哥，不用害怕，我早准备好了一个连环妙计，叫他马上就败。"宋江一听，十分惊喜。

《水浒》原书用了一句话来描述吴用在此时给宋江带来的感觉，叫"空中伸出拿云手，救出天罗地网人"。这是中国古代一个非常典型的表述方式，通过这个表述方式，我们看到此时此地，宋江心里深深留下了一个烙印——吴用这人有水平，关键时刻还得靠他。这叫你不疼，我不给你下药；你不苦，我不给你下糖；你不发烧，我不给你退烧，你没烧，我给你吃两片退烧药，你还说我害你呢。所以，吴用就等着关键时刻。

关键时刻，并不是每个人都懂得，高明人做事情才会把握度。所谓的度，就是关键时刻，该你出手再出手，不该出手别出手，能等就等，别着急！吴用这点做得特别好，后来，吴用也有很多出手的机会，但他仍不主动。因为吴用又想到了一个有本事的人，必须掌握工作节奏。从大破连环马到打曾头市，活捉史文恭，吴用每次出主意都特别被动，他都是提前把方案想好了，搁到那里，不出手，等着宋江来找他，那时吴用再说"我早准备好了"。而且每次宋江都已经是个"天罗地网人"，死的心思都有了，吴用竟然笑嘻嘻地，伸出手指头，说"我有计策"。有人觉得，吴用没心没肺，领导急得死的心思都有了，他居然还有心思笑。实际上这恰恰是吴用的高明之处，吴用特别会掌握工作节奏。

关于掌握工作节奏，给大家引述另外一个反面例子，他俩一对照，你就知道工作节奏的重要性。这个反面例子也是四大名著里的名人，就是《西游记》里的孙悟空。（注：该例子为歪传，与《西游记》原文无关。）

孙悟空也是一个有本事的人，可你看看孙悟空是怎么掌握工作节奏的。每次唐三藏被女妖精抓走了，这猴子急呀！"猴急猴急的"就是说他呢。他用眼睛一扫描，三百里开外，深山古洞旁边，有一棵杏花树灿烂地开放，树下有一个大青石桌，女妖精跟唐三藏正在那儿换名片呢！女妖精说："三藏哥哥，这是我的名片，你收好了，白天晚上都可以打电话的。"

孙悟空恨哪："好你个死妖精，敢勾引我师父，这还了得？"从耳朵眼里掏出绣花针，迎风一晃，碗口粗细一根大铁棒，一跺脚，"嗖"的一声，一溜金光就过去了！到了之后，二话不说，"啪"的一棒，就把女妖精给打烂了。刚才还如花似玉的女妖精，一转眼变成了一大碗豆腐脑、两扇血排骨和半盆羊杂汤，还冒热气呢。

关于工作节奏，总结两句话：

第一句，积极但不能着急。

你看看人家吴用，宋江急成那样了，吴用居然不着急。在领导手下干工作，领导再着急，你可以很积极，小跑着办事，但一定要满面春风，不能着急。道理很简单，领导遇到困难，你就着急，说明你怀疑领导的能力。你得告诉宋江："公明哥哥，我们都相信你一定会打败祝家庄的。没关系，你吹口气，祝家庄的人也得趴下。"你得有这信心，你就算心里真的着急，也得忍住，不能表现出来，这叫积极而不着急。领导遇到困难，他自己可以唉声叹气，咬牙跺脚，你不行，你可以提高效率，但表面上只能表现积极，不能表现着急。吴用表现的是积极，孙悟空表现的就是着急，这是不对的。

第二句，被动而不主动。

你再有本事，你也是个下属，中国古人有一句话叫"干活不由东，累死也无功"。你听谁的？听领导的，领导自有他的眼光，他的安排，没让你打，你能打吗？

孙悟空应该好好想想，三藏师父万一做好思想工作，把女妖精安排到咱们的市场部、公关部，还能给公司做贡献呢！特别是女妖精跟老妖精关系那么好，那要做好策反工作，派回老妖精身边，还能发挥余则成的作用呢！你说也不让说，讲也不让讲，工作也不让做，上来一棒子就给打死了，你是领导吗？你知道领导的安排吗？

孙悟空确实不掌握工作节奏，他自以为我有事业心，我替你打了，就是对的。正确的做法是学吴用，带着方案，拿着设备，拿着武器，认认真真在旁边站着，这叫随时听从召唤，但绝不抢先动手。让师父说嘛，等师父说也说完了，讲也讲够了，看着也没意思了，回头平静地说："悟空，这个打死。"你再上去打。师父不让打绝不能动手。领导不让说，绝不说；领导不让干，绝不干。

以前孙悟空打完妖精，唐三藏却不感谢他，还念紧箍咒。就因为死猴子脑子有问题，哪有你这么当下属的？在箍过 N 次以后，孙悟空终于开窍了，他发现，自己是有问题。后来，再遇到女妖精，孙悟空不打了。女妖精把唐三藏给抓走了，八戒和沙僧着急了，说："猴哥追呀！"孙悟空说："莫急，莫急！给师父留一晚上的空间和平台，明天再说吧，不会出问题的。"这叫给领导留余地。给别人留了余地，自己才会有余地。

所以说，长本事不算成熟，有态度不算成熟，掌握工作节奏才算成熟。

吴用那么有本事，那么有态度，但是人家知道慢半拍，等一等，这都是成熟的表现。一个聪明人，卖弄容易，收敛难，你要不收敛就不成熟，这一点吴用做得特别好。而且中国古代还有很多这样的人，比如张良、刘基，他们都是在这方面很成熟的。

聪明人的第二道难关是感情关。先看一篇小文章，叫《智子疑邻》。

宋国有一个有钱人，天下雨，他家墙坏了。他的邻居来了，说："你要不修这墙，会有人上你们家偷东西。"他儿子也说了："爹，赶紧修墙，不修别人就要来咱家偷东西。"天黑的时候，果然他家丢了很多东西。全家人都觉得，"咱们这儿子真聪明"，回头说，"说不定是邻居那小子偷的"。

同样的建议、同样的防范方案、同样的事情，为什么自己人说

的，就认为是好的；别人说的，就认为是坏的？这是因为没有情感认同，你越聪明，别人越恨你、越怕你、越担心你。举个例子，我们雇了一个财务经理，如果是自己人，水平越高，我们越放心；如果是个外人，水平越高，我们越不放心。这叫感情引路，聪明跟进。

吴用就特别明白这一点，他要成为宋江认可的左膀右臂，首先要做的是获得感情，而不是展示才华。假如你颠倒了顺序，展示完才华才获得感情，你的才华会让人害怕，你的感情会让人不相信，那你就完了。吴用在最开始的时候，并没有急于展示自己的才华，而是要认认真真地培养感情。比如打祝家庄时，他后参加，慢半拍，先关心领导个人的感情，再展示工作的方案，这都是吴用很高明的地方。

聪明人的第三道难关是安全关。没有人喜欢特别聪明的人，大家都担心，将来你那一套要给我用上，怎么办？员工如果经常跟领导讲，对付这样的人应该用这一招，对付那样的人应该用那一招。最后领导问："这样的招数你还有吗？"这名员工说："太多了，有的是。"领导高兴地说："真好。"结果，看着这名员工远去的背影，领导突然想到一个问题：这小子今天给我出主意，这些招都管用，他说他还有的是招，万一哪招将来给我用上了，我怎么办？领导就找这名员工谈："你有才华呀！你不能光这么闲着，得抓紧时间写书啊！"抓紧时间写书，就是说："你快了，我没给你留多少时间，快写吧，写完你就该上哪上哪去吧！"

这叫聪明吓人！你的水平太高了，没人敢跟你在一起，跟你在一起的人，就特别担心。所以，聪明的人不跟自己的女朋友谈感情的技巧，因为你跟她谈了，女朋友会觉得，这小子跟我玩心眼，而且他心眼那么多，将来他万一变心怎么办？聪明的人不跟公司的上级领导们谈领导艺术，你谈完了，他们就该担心你的谋略那么多，万一跟他们玩心眼，怎么办？你要是个小团队领导，就更不能跟公司大领导谈领导艺术。因为很多领导最恨的是自己的下属跟自己谈怎么当领导。你教育错了，叫篡权；你教育对了，叫阴谋，更可恨。

吴用明白，于情于理都不能展示自己的过人才智，但是如果不展示这过人才智，又抓不住这位置。吴用的策略是暗助宋江。看看《水浒》便知，谁第一个站出来，说"宋江，你应该当一把手了"？是吴用，但吴用把自己的声音淹没在其他员工的声音中。吴用说："我代表我们小组，代表我们部门，代表我们这一帮人，提个集体建议，建议宋公明哥哥来当一把手。"

水浒全传

当时，宋江面临一个挑战，就是按照晁盖的遗嘱，应该是卢俊义当梁山公司的一把手。宋江不愿意，这事争又不能争，不争又不甘心，所以宋江看一看下边的人说："你们给我想个办法呀！"刘唐说："当年就有让哥哥当一把手的心思，今日你来当吧！"鲁智深大叫："你再让的话，洒家就散去了。"这些人属于展示态度，不展示措施。"你们都愿意让我当一把手，得给我支一招啊！我怎么能当上一把手？"结果这时，吴用给出了一招，说："哥哥，这样吧！咱们现在山寨缺钱粮，东平府、东昌府两个地方，你跟卢俊义分兵去打，谁先打下来，谁就当山寨之主，这是天意。"宋江说："行行行，我去。"

　　此处有一个特别妙的玄机，就是分兵派将的时候，吴用把自己派到卢俊义那儿去当军师，占住这个坑，不让别人来。结果真正打起仗来，吴用撇开卢俊义，又跑到宋江大营来给宋江出主意。这又是吴用的高明之处：第一，你看我帮着你卢员外了，我没帮宋江，我很公平；第二，我占住这位置，别人就没法给你出主意了；第三，真正打起来，我到宋江那儿去。

　　由于吴用对宋江的支持，宋江紧跟着把这场战斗打胜了，吴用又以慰问的名义，回到卢俊义那里说："卢员外，你看看，真是天意呀！我给你当参谋，咱们战斗规划得这么细致，都没比过宋哥哥。还是宋头领好，梁山好多员工也这么觉得。"

　　其实吴用是在偷偷地帮宋江，但是吴用不把这事说明了，他从来没有让宋江感觉过他知道宋江愿意当一把手，这就叫装傻。不要以为你看透了领导的心思，就是好事。另外日常交往也是这样。有些人很得意，说"我知道你心里是怎么想的"，这句话就是错误的，你应该很认真地说："我不知道你心里怎么想的，但是我对你有深厚的感情，我愿意这么去做，如果你觉得不合适，你说我怎么做合适，我照做就行了。"当你真正知道别人心里想的很多想法的时候，那你的危险就来了，你们的关系就会疏远了。没有任何一个人愿意裸身地活在灯光之下，我们都有自己的空间，领导如此，下属也是。

　　聪明人能做傻事，聪明人能躲在暗处，聪明人做事能慢半拍，这叫智慧。吴用是有这个智慧的，由于有这个智慧，所以吴用顺利地找到了自己的位置，推动了事业，获得了周围人的认可。

抢板斧的做领导不能做的事

一个领导，身边最好有两个人，一个是出主意的，我们叫摇扇子的人；另一个是帮你出头，拍桌子，瞪眼睛的，叫抢板斧的人。这个抢板斧的人起的作用，不亚于摇扇子的。宋江身边就有这么一个抢板斧的人，这个人就是"黑旋风"李逵。李逵是宋江下属里面脾气最大、最鲁莽、最敢拍桌子、最敢瞪眼睛的。甭管是领导班子会，还是公司大会，也甭管是有自己人，还是有外人，李逵急了就拍桌子，张嘴就骂娘，逮谁骂谁，动不动就亮斧子要砍人，神奇的是，宋江居然每次都能原谅李逵。

那你要问，这李逵何德何能，竟敢置梁山公司的纪律、董事长的威严于不顾？实际上，李逵的作用大着呢。到底有多大，没人比宋江更清楚。

隔牛打山——管理需要绕弯子

1. 指桑骂槐

水浒歪传

宋江不容易啊，辛辛苦苦总算当上了一把手，正赶上重阳节。重阳节，中国古人的习俗是登高，赏菊花，喝酒。宋江召开了一个菊花大会，看着自己的事业，看着这些员工，想着自己的未来，宋江很高兴。在会上，"铁笛仙"马麟吹笛子，"铁叫子"乐和唱曲，"浪子"燕青弹筝，宋江大醉啊！文人嘛，醉了要写点东西，所以，宋江就写了首《满江红》。要说宋江的文才还不错，《满江红》有一句"见碧水丹山，黄芦苦竹"，意境很美。但《满江红》结尾宋江说的一句话，引起了轩然大波，"望天王降诏，早招安，心方足"。宋江谈到了招安，这是梁山公司第一次在正式场合谈到招安的问题。

宋江这一句话说出来不要紧，有一个人跳出来了，这人是宋江当年一心一意笼络的打虎英雄武松武二郎。武松站起来说："哥哥，你今天也招安，明天也招安，招来招去却冷了兄弟们的心。"本来这个拍桌子的事应该由李逵来做，武松却抢了李逵的风头，那李逵更急了。李逵一看武松发话，也跳起来，怪眼圆睁，大喊道："招安，招安，招你个鸟安！"一脚把桌子给踢翻了，碗盘碟子撒了一地。

宋江傻眼了，李逵当众向宋江发脾气，但这事其实是武松造成的。但宋江牛在，他不理武松，把矛头指向了跟风的李逵，主犯不理，专打从犯。宋江骂道："你这黑厮，怎敢与我无理？左右把他推出去砍了。"众人忙说："不要杀，哥哥。他是喝醉了！"

我们在这里深入分析一下，为什么武松是主犯，第一个站起来拍桌子，宋江不理他，而李逵是从犯，宋江反而收拾李逵？

这一招就叫指桑骂槐，李逵是桑，武松就是槐。为什么不能直接骂槐？因为武松脸皮薄，爱面子，你要当众骂他两句，就会结下仇疙瘩，留下一个死结，打不开。所以，对这种脸皮薄、爱面子、声誉高的大英雄，你还真不能当众批评，但是，又得骂他，怎么办呢？骂一个跟他行为比较相似的人，就是李逵。骂脸皮厚的给脸皮薄的听，骂没面子的给有面子的听，骂低层的给高层的听，骂秘书给二把手听，这都叫指桑骂槐。

有一个公司组织盛大的舞会，请了好多小姑娘跳舞。跳着跳着，有人借酒发疯，身为领导班子成员，表现得很恶劣。但是，当着那么多人的面，一把手又不能骂他，好歹人家也是有身份、有脸面的人，你骂完了以后怎么办？但你要不骂，他又太过分，怎么办呢？一把手有办法，回头一点秘书的脑门，说："你还知道你是谁吗？这是什么地方、什么场合？你看看你周围都是些什么人，你借酒发疯，丢不丢人？你丢自己的脸不要紧，你是丢我们公司的脸啊！"秘书被骂得丈二和尚摸不着头脑，委屈地说："领导，我怎么了？"一把手说："你还敢争辩？滚出去！"把秘书轰出去了，那发酒疯的人看到这个情景，自己也不好意思了，动作也收敛了。

等活动结束之后，一把手再把秘书叫到一边说："对不起啊！给你道歉，今天我说了过分的话，其实这事不冲着你，我是冲着那个人，但那个人我不能骂，我只能说你，希望你能原谅。"

这一招就叫指桑骂槐，槐树不能骂，但是，不骂不足以教育他，我们就得骂桑树，于是，宋江就骂李逵。

2. 李代桃僵

在这个基础上，要区别对待，这方法叫李代桃僵。你骂完了之后总得有组织手段，开这么大的会，有人拍桌子，瞪眼睛，违反了正常的管理制度，得处理啊！所以，宋江决定杀李逵。是真杀吗？不是，就是要展示对李逵的恨，其目的是为了展示对武松的恨。

水浒全传

宋江点着李逵说："李逵啊李逵，我拿亲兄弟的感情来对待你，你想一想，当年你在落魄的时候，我是怎么帮你的。你在柴大官人的庄上发烧，饿着肚子，没人理，我是怎么对你的。"李逵说："哥哥，我没去过柴大官人那里啊。"宋江说："你还敢嘴硬？当年你那样的时候我是怎么帮你的？现在哥哥有点战略想法，还没等进一步实施呢，你就当众拍桌子，藐视制度，藐视哥哥的权威，你伤了我的心啊，你够意思吗？你拍着良心想一想，你对得起谁啊？"

几句话说得武松深深地低下了头。李逵还在傻傻地说："哥哥，我没有啊……"

这就叫李代桃僵，翻武松的老底儿，教育教育他，但不冲着他说，还是冲着这李逵说。处理完这件事情之后，宋江决定，还得直接教育教育武松。对李逵骂也骂了，打也打了，揭底也揭完了，然后让左右把李逵推出去，关禁闭。

3. 笑里藏刀

推走了李逵以后，宋江回过头来，对武松使用温柔的策略，这一招叫笑里藏刀。

水浒歪传

宋江笑呵呵地跟武松说:"贤弟啊,你跟李逵不一样,你是个懂事的人。我主张招安是要给兄弟们找一条出路,我如何算冷了别人的心呢?"武松尴尬地一乐,说:"哥哥呀,我一时糊涂。"宋江乐了:"糊涂就算了,你跟李逵不一样。"

这样就过去了,点到为止,给他个软钉子,给他个小提醒,能过去就过去。

4. 顺水推舟

笑里藏刀结束之后,第四招叫顺水推舟。

水浒歪传

第二天李逵酒醒了,宋江召开全公司领导大会,在会上当众批评李逵:重大活动不守纪律、拍桌子、瞪眼、破坏公物、藐视制度、藐视领导。最后决定要让李逵伏法。结果吴用很贴心,他看出到底是怎么回事,但他不说,傻傻地领着兄弟们出班,跪下,说:"别杀李逵,他傻,教育教育他吧!"求了半天情,宋江说:"看在下面人的面子上,我就饶了你。但是,死罪饶过,活罪不免,你必须当众作检查!"

头天晚上,早有人给李逵准备好检查了。不然,那"圣手书生"萧让是干什么的?把检查写好了,让李逵上来念:"我认识不足,没有遵守纪律，忘恩负义，对大哥不恭，对公司不敬，我不应该做那样的事情，我要认真服从公司领导，要深刻自我反省……"

讲完了，宋江还有更高明的，他问："大家说，李逵的检查过不过关？"下面的人们说"过关了"。宋江回头瞅瞅武松说："武贤弟，你说李逵的检查过不过关？"武松说"过关了"。宋江问："那武贤弟，你觉得李逵他错在哪儿了？"这是让当事人自己教育自己。武松说："他错在，一是忘恩负义，二是不尊重大哥，三是不理解制度，四是不讲感情，瞎折腾。"宋江一乐说："大家看看，武松贤弟多懂道理，李逵，你得多跟武松贤弟学。来，咱们为武松懂道理热烈鼓掌。"大家一鼓掌，武松的脸通红通红的，坐下了。宋江跟李逵说："我先寄下你的项上人头，滚出去吧！"把李逵给轰走了。

你说这事是在教育谁？教育武松。是谁当众作检查？是武松。宋江高明就高明在，总是使用旁敲侧击的方法，没直接针对武松个人。有些团队领导不明白这道理，你手下有的人可能一时糊涂，拍桌子了，瞪眼睛了，假如你当众扒皮、瞪眼、拍桌子、骂娘，你把他给骂了，事后你不留阴影，人家留阴影啊！钉子钉进去，你可以拔出来，钉子没了，窟窿还在。所以，对脸皮非常薄的人，你就不能这么对待他。但是，他的做法很过分时，你就得找一个李逵这样的。

从这我们看到宋江管理艺术的高明，这叫绕着弯子管理，拍左边，镇右边，骂这个给那个听。这个管理方法，我们在团队管理当中统称为角色管理或角色引导。

恶人需要恶人磨

再想一个更深入的问题，你看梁山，真正敢像武松那样拍桌子、瞪眼睛的人并不多，偏偏李逵大事小事都敢拍桌子、瞪眼睛，而且居然每次宋江都是假装生气，然后原谅他。宋江是很纵容李逵的，李逵好怒，而且还滥杀，但是，宋江一直纵容他，为什么？这就涉及李逵担负的一个重要角色，就是抡板斧的角色，这个角色是帮了宋江很多忙的。

宋江是一个既实在又高明的领导，但他也面临很多职业生涯的尴尬，其中最大一个痛处，就是他居然没机会接晁盖的班。晁盖在交代接班人的时候，没有指定宋江，而是说，谁能活捉史文恭，谁就是梁山之主。根据晁盖的遗嘱，活捉史文恭的是卢俊义，那梁山应该交给卢俊义，遗嘱白纸黑字在这儿搁着呢，二话都甭说，就应该让给卢俊义吧？宋江不让，"让他上了我干什么去？"所以，宋江不甘心，但是，不让卢俊义上，他面子上又过不去。这事属于伸手也不行，不伸手还不行，伸手面子上过不去，不伸手心理上过不去，这就是领导尴尬。

这个尴尬是李逵帮宋江解决的。宋江导演一出闹剧，叫卢俊义让位。

水浒全传

重要员工们都来了，李逵站前排，宋江把金交椅往这儿一搁，把卢俊义请上台，一躬到底，说："卢员外，名满天下，武功卓绝，活捉史文恭，人人敬仰，二话别说了，卢员外，就请你当梁山之主。"说完，就把卢俊义往金交椅上面推。谁不愿意当一把手啊？卢俊义也愿意啊！卢俊义听到这个一乐，充满神往地看了看那把金交椅。如果卢俊义顺水推舟，一屁股坐在那儿，生米做成熟饭，怎么办？宋江也怕这事。

就在卢俊义看那个位子的时候，宋江丢个眼色给边上的李逵，李逵这哥们儿准确地接收到了信号，一下子就蹦出来了，把大斧子往桌上一劈，说："哥哥，你住手，你不能说这个。梁山这把金交椅，就是给你宋公明哥哥留的，要坐你便来坐，你要不坐，哪个鸟人敢坐，老子剁死他。"说完，狠狠地看了一眼卢俊义，吓得卢俊义打个寒战，把头就低下了。

但宋江装好人，说："你这黑厮，有你说话的分儿吗？谁让你来的？"其实就是宋江让他来的，头天晚上安排好的。结果，李逵说了句标准答案，他一乐，说："其他人让我来的。"这叫以广大员工的名义，做领导愿意做的事。

宋江"气"得哆嗦了，说："你还敢代表其他人，其他人怎么可能支持你呢？左右来人，把他给我推出去。"早准备好的武松、鲁智深冲进来，掐住李逵，就把他推出去了。

宋江瞅着卢俊义尴尬地一笑："卢员外，让您见笑了，让您受惊了。卢员外，你看看，我们这个团队不好带啊！这帮黑社会，没有一个好东西，昨天晚上听说我要把这个位子让给你，今天早晨在你酒店门口排了四十多号人，人人都拿着板砖准备要拍你。我苦口婆心把他们都按住了，唯独这个漏网的李逵今天冒出来了。这还不是最猛的，否则当场就得刺刀见红。这事儿往小了说，兄弟你要受到伤害啊！往大了说，这要影响梁山的团结啊！为了这么个位子的事情，为了肩膀上的芝麻绿豆大点儿事，为了名片上一两个小头衔，为了你我二人个人的事儿，要是影响了梁山的团结、事业的和谐、团队的发展，我们上对不起天地，下对不起晁天王的英灵啊。贤弟啊，我们不能做梁山的罪人呐。"

卢俊义说："哥哥你说得太有道理了，我不想做这个罪人，我也不想挨板砖，拍上太难受了。"

宋江说："贤弟啊，哥给你说句掏心窝子的话，这领导咱哥俩谁当不一样啊，你当我也愿意，我当你也不会反对吧？我当跟你当一样，你当跟我当一样，关键看这事情的利害。现在你也看到了，它成了我们梁山公司健康发展、团队和谐的关键问题。既然这样，我们就得用战略态度，忘掉个人想公司整体利益，贤弟你能做到吗？"

卢俊义说："哥哥，我能做到。"

宋江说："我也能做到。要不然这样，咱们既然都是为了公司好，就听员工们的意见吧，我来做这个一把手，贤弟你来做二把手。我还是那句话，咱俩谁当都一样，而且什么时候你愿意当了，你跟我说一句，我马上给你让出来。"

卢俊义说："哥哥，你别说了，咱就这样办吧。"

于是，宋江走到金交椅前面，没坐，拍着椅子叹口气说："天哪，你看看我这个命啊。我就是个受累的命，谁愿意当这一把手？累死了！唉，没办法啊，赶上了。"回头看看卢俊义，"老弟啊，你算轻松了，我真羡慕你啊。"

卢俊义一乐："哥哥，不要说玩笑话，你坐吧。"

宋江扑通往这金交椅上一坐，心里全是甜蜜啊，总算坐上了。当天晚上，宋江就请李逵喝酒。替领导出头，替团队争利，李逵做到了。

第二次又用类似的方法，是宋江主张要跟朝廷合作时。要招安，你总得拿出个态度吧！宋江就说了："我宋江一心为国招安，我个人待遇都不介意，就是烧锅炉、看大门、搞卫生，我也愿意，你们安排我吧。"其实这就是表态，谁把表态的话当真，谁就是害人。但是，朝廷这些奸臣就把宋江表态的话当真了，其实就为了坑宋江。一听说宋江要当看大门的、烧锅炉的，有人乐了，马上想了一个阴招儿，宣传宋江，说宋江大气地说不要个人待遇，紧跟着给宋江披红戴花，给予荣誉，把他捧为不计较个人得失的典型代表。

表扬也表扬完了，媒体也宣传完了，紧跟着上面的文件下来了，给宋江的官职果然不高，傻眼了吧？比自封的官职级别还低，你干不干？当然不干。但是，你好意思不干吗？媒体都已经报道了，你胸前的大红花还没摘呢！你这就争个人待遇，等于自己打自己的脸。所以，这事属于不争不甘心，争又没脸争，又丢人又尴尬啊！但宋江才不吃这亏呢，宋江有办法，他靠李逵。

天使来读诏书，宋江又导演了一出读诏书的闹剧。

水浒歪传

下属们都在，李逵在前排，依然在前排。宋江跟天使说："来，上差请您开始。"天使拿出诏书慢慢读完。宋江听完一乐，眼睛一瞥，丢给李逵一个眼色。这哥们儿又准确地接收到了信号，马上下意识地拔斧子。大斧子拔出后，李逵跳上台，把斧子往地上一砍，二话不说，一拳将天使打倒在地，抡圆了"啪啪"给俩嘴巴，打得天使的脸都肿起来了。李逵说："你个烂人，给我哥哥这种破官职，你脑子进水了？我哥哥最少得比这个官职高。你要不给我哥哥升官职，老子就到东京汴梁把皇帝老儿咔嚓一斧子砍死，把你们这帮鸟官当当当都剁死，我哥哥来当皇帝，我来当宰相。听明白没有？"上去又一拳，把天使嘴角都打出血了，然后把那诏书给撕了。

这一套都做下来大概得五六分钟啊。在五六分钟当中，宋江就站在旁边，干着急，跺脚，"李逵住手，李逵住手"，他不上前。这帮好汉也在这儿看着，谁也不上前。等这五六分钟过去，把这天使都打傻了，诏书也撕碎了，宋江来了个结束性问题："李逵说什么呢？你这黑厮还有完没完了？"这问题等于在说："哥们儿不错，再整一段，再来点。"李逵又给了个标准答案，把大斧子一抄，对天使说："老子没完，我剁死你。"做了一个剁的姿势。剁吗？不剁，剁了就没办法了。宋江说："你还敢没完？来人，赶紧把他给我拖出去！"早准备好的武松、鲁智深冲进现场，夹住李逵，做了一个拖的姿势，往外走。哥儿仨一边往外走，一边低头乐——早都导演好的。

把李逵拖出去以后，再看天使，嘴角流血，胡子被揪下去好几根，眼睛都直了，不知道怎么办才好。宋江走上前来，把天使扶起来，捋捋胡子，捶捶前心，拍拍后背，擦擦嘴角的血，一躬到底，说："上差，真不好意思，让您见笑了。您看看我这个团队，不好带啊！还是这句话，看大门、烧锅炉我都愿意。但是，上差你看我个人的待遇问题已经扩大成了这次合作的问题，乃至于扩大成为影响安定团结的问题，这个问题要解决不好，不光合作不了，社会要出动荡，而且这帮黑社会、杀人犯要到东京汴梁威胁皇上的人身安全。要真的出这种事了，我们上对不起天地，中对不起黎民百姓，下对不起晁天王在天之灵。上差啊，我们俩是关键人物，我们不能做这个罪人哪。"

天使说："我也不想做历史罪人。"宋江说："上差，我有个想法，既然我的待遇能起到稳定人心的作用，既然已经变成了大事，我愿意抛弃个人的好恶，什么高啊，低啊，都无所谓。上差您回到朝廷，把这件事汇报一下，给我一个能在这帮人面前交代过去的待遇，剩下的工作我来做，保证把这些人都按住，保证不伤害我们安定团结的大局。"天使一乐："宋义士啊，还是你境界高，行，我来给你解决。"

这个天使回头就汇报给了上级，结果不久宋江就拿到了自己想要的职位。拿到职位任命书的当天晚上，宋江又请李逵吃饭、喝酒。

李逵扮演的是什么角色？替团队争利益，替领导争利益！我们干事业，当领导带团队，有些事情可以放，但有些事情就得争。但是，作为一把手争得太急、说得太绝，又会伤害自己的面子和尊严。这时你身边就得准备一个李逵这样的人，让他站出来替你说，帮你争。这种人应该有三个特点：

第一，是鲁，敢发脾气，拍桌子，能使用差异化的手段震慑对手。

第二，是忠，一心干事业，一心对领导，怎么骂，怎么打，都不留阴影，他能理解领导。

第三，是直，竹筒倒豆子，装什么子弹开什么枪，让怎么说就怎么说。

有了鲁、忠、直这三个特点，把这个人安排到一个合适的岗位上。跟其他成员说，跟竞争对手说，跟上级说，跟下级说，在很多领导不能说或说不出来、其他成员不能说或说不出来的时候，这个人都可以说，说完之后我们再骂他，再教育他，把他轰走。回过头来，我们再跟对手讲道理，摆事实，掰开揉碎，掏心窝子，这叫先小人后君子，我们来当君子，他来当小人；先黑脸，后红脸，我们来唱红脸，他来唱黑脸。

宋江很高明，他给自己首先配了两个人，第一就是摇扇子的吴用，领导提问题，不解决问题，谁来解决问题？身边的智囊团。第二就是李逵，领导惦记啥，不一定自己张嘴要，谁来要？李逵替他要。有替你琢磨事的人，有替你张嘴提要求的人，那你的事业当然就稳定了。

吴用好找，李逵不好找，管理学就是这样，团队当中每个岗位都有合适的人，每个岗位都有合适的事。你看这人鲁莽，用好了就是优点。没有不合适的人，只有不匹配的工作，人在匹配的岗位上工作就会很合适。

第四章

梁山公司的"管人"之道

大班子的管理策略

团队搭建就是从身边的小班子开始的，搭完小班子以后，就要开始搭大班子了。我们看看大班子是怎么搭的。

晁盖的第一桶"人"

看过四大名著的人都知道,《三国演义》第1回叫《宴桃园豪杰三结义　斩黄巾英雄首立功》,里面讲的模式叫"结义";《水浒》第13回叫《赤发鬼醉卧灵官殿　晁天王认义东溪村》,里面讲的模式叫"认义"。无论是结义,还是认义,都是强调在做大事情之前,先有一个坚强有力的班子,有了这个班子,才能一起做大事。这在现代团队管理中叫"先解决和谁在一起"的问题。我们认为,幸福的生活不是你怎么过,而是你和谁一起过;成功的道路不是你怎么走,而是你和谁一起走。和谁在一起,这是团队管理的基本问题。要想成为领导,先把团队搭好。做大事,需要定战略、搭班子、带队伍,其中搭班子和带队伍都是解决和谁在一起的问题。梁山公司搭班子,是一个很复杂的过程。同时,我们也知道,梁山公司是在第二代董事长晁盖的带领下才发展壮大的。那么晁盖是怎么组建自己的创业团队的？

晁盖的背景是东溪村的保正。《水浒》里的人物有很多官职都不高，所以《水浒》特别能代表中国的草根管理文化和传统。这种草根文化和传统最能保存在鲜活的文化故事中。

晁盖是草根典型，他仗义疏财，专爱结交天下豪杰，而且他的特点是终日打熬筋骨、不娶妻室。原书上是这么写的：

> 原来那东溪村保正，姓晁名盖，祖是本县本乡富户。平生仗义疏财，专爱结识天下好汉，但有人来投奔他的，不论好歹，便留在庄上住。若要去时，又将银两赍助他起身。最爱刺枪使棒，亦自身强力壮，不娶妻室，终日只是打熬筋骨。

晁盖不娶老婆，一心练武，所以他武艺很棒。这点跟宋江不一样，你看宋江家里有个老婆，外面还讨了个侧室阎婆惜。

晁盖靠什么起家呢？智取生辰纲。我们前面讲赤发鬼醉卧灵官殿，"赤发鬼"是谁？梁山好汉"赤发鬼"刘唐。这哥们儿为什么叫"赤发鬼"呢？因为他的头发是红的。这个刘唐来找晁盖，跟晁盖商量说："哥哥呀，我有一套富贵，不知道你要不要，大名府梁中书的运钞车队要从咱们这儿的黄泥冈路过，那是黑财，咱们来个黑吃黑，拿了他。"

请注意一个事实，刘唐来找晁盖说这事儿的时候，刘唐并不认识晁盖，两人之前没见过面，也没聊过QQ、微信，没发过电子邮件，更没有一起偷过能量。对于晁盖，刘唐就是一个普通的陌生人，但是两个陌生人见面，一张嘴就敢谈抢运钞车的事。说的敢说，听的就敢信，这得有多大的信任。了不起！

你想想，如果我随便找一个人，说："哎！你好，我叫赵玉平，咱俩算认识了，一会儿咱们没事儿，到对面把银行抢了得了。"那人肯定说："你有病啊！"没人会信，但晁盖就敢信。刘唐敢说出这样的话，不怕出危险，靠的是一种特殊的信任。所以建团队，第一条，也是最根本的一条，叫作彼此的信任。信任成本是团队的最大成本，很多事情本来可以低成本、高效率地完成。为什么完不成？没有信任。我们现在往往用契约和法律手段来建立信任，但是契约和法律有漏洞，必须还有更深入的东西来弥补信任。

晁盖能获得别人的信任，靠什么？第一，名声，他有特棒的商业信誉。晁盖被称为"托塔天王"，名满天下。人人都说晁大哥讲义气，名声好。人为什么这么爱面子？因为面子就是名声！现在有一些人的信誉体系不健全，比如住一栋楼房，住两年了没交过物业费；总闯红灯，不守规则，但这样的事没办法评价，记录不了。那没关系，我们有一个民间评价体系，叫面子。他排队加塞儿，我们说他没面子；他住楼不交物业费，我们说他没面子；他随地吐痰、闯红灯、欺负小孩、占小便宜，我们说他没面子。这面子就积累了一个人的信誉，你的面子要是矮了、低了、差了，以后我不跟你玩，我瞧不上你。我们对面子的瞧不起，其实是对一个人过去信任积累的不认可。我们不会跟没面子的人一起干工作，所以人要面子，其实是为了积累信任。而晁盖就是有面子的人，名声很大。这是晁盖，也是大多数人积累信任的第一种方法。

第二，感情，尤其是兄弟之情。你看梁山好汉是先排座次认兄弟，然后再分职务做事情。咱们首先是兄弟，其次才是团队的上下级，把感情放到第一位，把上下级别放在第二位。

晁盖是通过传播名声、培养感情，才获得了无条件的信任。有了这个积累以后，刘唐来了，周围人都来了，来了之后搭团队，要抢生辰纲。

这团队怎么搭？牵头的是"托塔天王"晁盖；通风报信的是"赤发鬼"刘唐；出主意的是"智多星"吴用；装神弄鬼的是"入云龙"公孙胜；另外还有三个在前面抡刀砍人的打手，分别是"立地太岁"阮小二、"短命二郎"阮小五、"活阎罗"阮小七。你看这个团队虽然很小，但是各种角色都很平衡，这就是管理上所说的多样化团队。

在这个团队中，刘唐、吴用、公孙胜都是自动送上门的。而负责抡刀砍人的三阮，是吴用用三寸不烂之舌邀请来的。前文通过对王伦和林冲的观察，我们看到了吴用的高明之处；现在借着吴用请三阮，我们来研究一下公司的重要人事招聘应该怎样组织。《水浒》第14回叫《吴学究说三阮撞筹　公孙胜应七星聚义》，这一回说的是晁盖等好汉聚义，要劫生辰纲。

水浒金传

吴用跟晁盖在一起时，晁盖说："贤弟啊，我们现在人手不够。你看你是个文的；公孙胜先生有武功，但是，只用法术，他一般也不上场；剩下我跟刘唐，我们两个人去劫运钞车，总归有点力量单薄，得再找几个人。"吴用说："我认识三个做私商勾当的人，是兄弟三人，分别叫'立地太岁'阮小二、'短命二郎'阮小五、'活阎罗'阮小七。"讲完这几个外号之后，晁盖乐了，说："这三人的外号我喜欢，有性格，给我们当打手、捅人正合适。吴先生，你把这三个人的QQ号或者微信号给我，我跟他们联系一下。听说你最近还开了微博账号，先跟他们都沟通一下吧。"吴用说："不行，可不能那样。跟这些人联系，哪能用这种手段啊？我得亲自上门去请，见面再说。"

古人有一句话叫"树怕扒皮，人怕见面"。见重要的人谈大事，怎么能发条微信，聊个QQ呢？那叫儿戏。你得亲自去，在正式场合寒暄几句，然后整整衣服，坐下再说。不然，刘备请诸葛亮，哪用得着三顾茅庐啊，每天让手下发封邮件就行了。你看很多男生用微信跟女生说："我喜欢你，嫁给我吧！"这叫儿戏。拿着鲜花，穿上西装，打着领带，开车到人家楼下，先关心关心人家的身体，慰问一下："最近生活怎么样？家里都好吧？我今天来有件大事要跟你说。"然后整整衣服，单腿跪下说："你嫁给我好吗？"这叫正式的调整，做大事要有做大事的态度。

从这也能看出晁盖的管理素质还是不高的，他觉得找了就行了。吴用说得亲自去请，这样既有尊重，又有把握。晁盖此时又犯了第二个错误，说："行吧！那明天你去请吧。"吴用说："那不行，我得今天去请。"这叫立即行动，当天想到的事情得当天去做。在现代管理学中，这叫日落法则，即今天想到的事情，在太阳落山之前得开始行动。

在这一点上，吴用要比晁盖高明，重大人事安排、重大人才选拔当面谈，并且立即行动。

晁盖说："行，吴先生你去吧！我都交给你了。"

吴用就去了，见了阮氏三雄，吴用使用了一套特别高明的方法。我们选一个人加入公司，要让他回答四个问题，只有这四个问题他都点头了，这个人才能加入我们的公司。第一，你认不认同我们公司？第二，你认同了我们公司，认不认同公司让你做的事情？第三，你认同了公司让你做的事情，认不认同公司的领导？第四，你认同了公司领导，认不认同公司领导给你安排的具体任务？这叫认同公司、认同事业、认同领导、认同任务，只有这四个认同都做到了，此人才能参与我们的工作。

所以，要上梁山：第一，你喜欢梁山这个公司吗？第二，你喜欢落草当黑社会这份事业吗？第三，你喜欢梁山首领宋江吗？第四，宋头领让你下山抢劫，你去吗？只有这四条都点头了，你才算是我们的人。

吴用就要考核三阮这四个问题，但是，谈的是风险任务，又不能直接考核，所以，吴用使用了旁敲侧击法。这种方法，我们在选重大人事岗位时可以用，在非正式场合使用闲聊的手段旁敲侧击，问问他这四条行不行。吴用是怎么旁敲侧击的呢？

水浒金传

吴用找到三阮，说："我要买条大鱼，你们几位卖给我吧！"几个人说："不能卖鱼了，产鱼的水域都被梁山给围起来了，我们只有小鱼没有大鱼。"借口买鱼，就谈到了梁山，谈到梁山的时候，吴用就开始评论梁山："各位，你们觉得像他们那种人，扯旗造反当黑社会，啸聚山林这事怎么样？"阮小五说："天不怕、地不怕，不怕官、不怕匪，谁都不怕，而且，成碗喝酒，大块吃肉，我们也愿意，我们也喜欢。"吴用觉得行了，开始评论梁山做的事情，说："那像他们这样打家劫舍的生活方式，你们认同吗？"阮小七说："水里水去，火里火去，那很厉害啊！"什么叫"水里水去，火里火去"？在水里我在流淌中思念你，在火里我在燃烧中惦记你。你在求爱的时候说这句话，那女孩一感动，可能立刻就答应你了。

吴用看到这几个人表态了，喜欢落草，吴用暗喜，于是，吴用说了第三件事，就是评论梁山领导，说："梁山这地方很好，听说他们公司老总王伦这人也不错。"结果阮小二说了："你别听他们瞎说，王伦这人可不是什么好东西。那厮啊，心胸狭窄，容不得别人，林冲林教头上山，就受他气了。"阮小七说："他要像你这么好，我就喜欢了。"

吴用已经看出来了，这几个人喜欢梁山，喜欢落草，但不喜欢王伦，而是喜欢自己这样的，晁盖跟自己也差不多。吴用一看，"太好了"，最后，设置一项任务，他使用了一个特别阴的方法："我告诉你们，我听说晁盖要抢运钞车，咱们黑吃黑，把他给吃了，好不好？"这叫正话反说，为了防止这几个人真的黑吃黑。结果这几个人说："那可不行，江湖人要仗义，不能下那黑手。"

吴用一看，成功了，便说："其实我就是晁天王派来的。"阮小七说："你太阴了。"吴用乐了，说："没办法，这么大的风险，我不得不使用一点小手段。晁天王让我们一起去劫生辰纲。"

吴用使用了旁敲侧击法和分段测试法，来测试员工是否认同公司、事业、领导、任务，三阮都没问题了，他给他们发了聘书，让他们加入公司。

宋江的用人"妙招"

重而不用

大家都觉得，人才要重用。其实，重用，重用，"重"和"用"是两回事。为了说明这个问题，我们看一下《水浒》中的关胜。关胜是投降的朝廷将领，从价值观到生活方式，跟梁山好汉完全不一样，既没忠诚度，又没依赖度，也没认同感。

关胜是重而不用的代表人物。为什么"重"？道理很简单，关胜沾一个字，他姓关，是关公的后人。他名满天下，把这样的人排进领导班子，我们的领导班子都成了忠肝义胆的忠义之士。借的就是他这个名声，以提升我们公司的素质。但是，你想想，梁山哪一次决策是关胜拍板的？哪一件事是关胜主持的？没有！虽然他的身份是领导班子成员，但实际上，他就是个普通武将。对有名声没忠诚，文化价值观不一致的人，只给地位，不给权力，这叫重而不用。他就是个幌子，但一定要"幌"着。

厚而不尊

厚而不尊的代表人物是"鼓上蚤"时迁。时迁其实挺委屈的，从三打祝家庄、大破连环马一直到征辽国，时迁都做出了重大贡献。属于既有本事有绝活，又有贡献有忠诚的人。但是，他排名倒数第二。为什么有本事、有业绩、有忠诚、有态度的人，却排得那么靠后？道理也很简单，时迁的专业是偷，梁山公司的主营业务是抢，抢的人瞧不起偷的人，觉得沾了偷丢人。要是把时迁排进领导班子，那梁山真成了贼窝了，所以不能排在前面。但是不排他，时迁又委屈，怎么办呢？给待遇，但不给级别。

虽然时迁排名很靠后，不受尊重，没地位，但是时迁的个人待遇、工资奖金水平，只比关胜好，不比关胜差。宋江给他丰厚的待遇和奖励，但不提拔他，这叫厚而不尊。对于有本事，有才华，但名声不好的人，就得厚而不尊。你对他不厚，他不给你干；你对他要尊，队伍的名气就坏了。

忙而不乱

什么叫忙而不乱呢？人人有事做，处处忙起来，没有正事找闲事，不断搅动锅里的水，忙而不乱。

忙而不乱的代表人物是朱武。朱武高明，但宋江用朱武更高明。"神机军师"朱武是宋江身边一个很独特的人才，宋江给朱武安排的职位是什么？基本上拿他当重要参谋使用。你看每次打仗，宋江带吴用领一支人马，卢俊义带朱武领另一支人马，所以朱武至少在军事上是水泊梁山的四把手之一，地位很高。吴用在的时候，朱武基本上做吴用的副手；吴用不在，自己挑大梁。这样的人《三国演义》里有诸葛亮、庞统，《水浒》里有吴用、朱武。但是给朱武的待遇是什么？第三十七条好汉，所以朱武是一个权力很大，但是级别不高的年轻人才。

那朱武这个人才厉害在哪呢？他的口才特别好，他的说服技巧可以说是梁山里边最棒的。这种说服技巧，给我们在团队中，教育员工、说服人才，以及处理激烈的矛盾冲突，提供了很多可借鉴的策略和方法。那么朱武的口才到底是怎么展示的呢？

梁山公司一百零八条好汉，按照出场顺序来讲，排在第一个的是"九纹龙"史进。史进这小伙子帅呀，而且武功很棒。史进的出场跟高俅的飞黄腾达有一定关系。高俅发了，为了报私仇，就挤对禁军教头王进。所以王进就要逃离高俅的控制，去寻找自己新的生活。这第一回就叫作《王教头私走延安府　九纹龙大闹史家村》。

水浒歪传

　　王进到了史家村，看见史进在那儿练武，练得特漂亮，王进瞅着就乐。史进问："怎么着，你也会武术？"王进说会一点。史进说："你看我练这个动作，是不是很帅？"王进乐了："你练的这个只能叫舞蹈，不叫武术。你这手段不行。"史进说："你瞧不起我，来，咱俩单挑。"所以史进就跟王进动手，三下五除二，王进把他打倒了。史进服了，说："我不行啊。我拜您为师得了。"王进答应了。

　　这叫遇高人不可交臂失之，不服高人是有罪的，我服你，我跟你学不行吗？所以呢，史进就拜王进为师，经过一段时间调教，"九纹龙"史进真的长水平了，手持三尖两刃刀，拳脚武功都很棒。

　　后来，史进在史家村成立了一个联庄会，目的是联村自保，哪家有问题了，敲敲铜盆，敲敲碗，其他家的人都拿着家伙什么的保护你，不受周围的强人伤害。

　　史家村周围有没有强盗？少华山上就住着一伙强盗，这伙强盗有三个头领，大头领叫"神机军师"朱武，二头领叫"跳涧虎"陈达，三头领叫"白花蛇"杨春。有一天，这三个头领在一起商量，说："我们少华山最近经营情况不错，业绩增长很稳定。但是成本支出比较大，最近的差旅费报的钱太多了，钱快花光了，我们得整点收入。"整什么收入呢？抢呗！所以，"跳涧虎"陈达就提议去抢华阴县。杨春和朱武马上站出来说："不行，不能抢这个。去那儿要路过史家村，史家村有一个老虎一样的大英雄——'九纹龙'史进！'九纹龙'有本事，史进一使劲，就能把我们都打趴下了。"陈达不服，说："我就不信他有什么厉害的，他不也是两个肩膀扛个脑袋吗？"朱武和杨春苦劝不听，陈达点了一队人马，杀奔史家村。

到了史家村，跟史进动起武来。史进的水平比陈达高很多，没使劲，就把陈达活捉了，捆得跟粽子一样，扔到后院了。然后史进对那些小喽啰说："你们回去，跟你们山寨的头领说，让他们早点来，我都捆了，送到官府，一人换 5 万块钱的奖金，今年过个好年。"小喽啰回到山寨，就把这事跟朱武和杨春说了。杨春一听就急了："二哥被活捉了，我要跟他拼命！"拿枪就要去找史进。朱武说："贤弟慢动手。你觉得你的武功跟陈达比怎么样？"杨春说："差很多。"朱武说："那你觉得我的武功跟陈达比怎么样？"杨春一乐，说："就相当于一个小喽啰 PK 大英雄。"朱武问："那咱们俩加起来能不能把史进给打趴下？"杨春说："不能。"朱武说："那你想想，我们是去报仇吗？这叫去送死。我有一套方法，能不战而屈人之兵，根本不用武器，就能把他拿下。""哥哥，那你用什么方法？"朱武问杨春："你大概有多久没哭过了？很久了吧？赶紧喝点水，补充点水分，一会儿我们用眼泪把史进打趴下。"

于是朱武、杨春带了几个随从，没有披挂，没有拿武器，就奔史家村了。史家村严阵以待，准备好了滚石擂木，城垛上摆的都是"AK47"。史进正在屋里等着呢，有人冲进来报告："史大郎，那个少华山的俩头领来玩命了。"史进一听，飞身上马，拿起三尖两刃刀就出来了，准备跟人玩命。结果出来一看，朱武和杨春根本就没骑马，在门口站着呢！史进有点迟疑。看见史进出来，朱武和杨春步行到庄前，双双跪下，噙着四行眼泪。要说两个好汉咧着大嘴在门口哇哇痛哭，这景象不感人？现在两个人跪在那儿，噙着眼泪，要哭没哭，没哭还想哭，这劲挺难拿捏的。

史进下马，问："你们俩为什么跪呀？"朱武一听，"哇"地哭了，一边哭，一边擦眼泪，说："史大郎，我们三个人是被迫落草的，现在你把陈达抓了，我们也来送死。"

朱武的策略就是用同情手段征服对方。武力解决口服问题，同情能解决心服问题，我用眼泪先解除你的武装。让一个人先动感情，这是非常有效的手段。很多搞推销的人，明明可以坐电梯，他不坐，非要爬楼梯，走得大汗淋漓，到了门口，说："先生，请您帮帮我，买一个我的产品吧！"这时候有人就心软了，因为他的同情被启动了，一旦同情被启动，防卫机制就会下降，这叫苦肉计。

朱武使用的就是这种方法，先让史进的防卫机制下降。接着说："我们三个人为官司所累，不求同年同月同日生，但求同年同月同日死。"这个策略叫比附策略，强调他们三个人的关系很好，好比刘关

113

张桃园三结义。虽然他们没有刘关张那么义气，但是他们的心是一样的。这句话等于说，"你要把我们仨都给杀了，就等于杀了桃园三结义的刘关张，你就是不仁不义"。这是通过比附，来增加说服力。

比附是中国文化当中最经典的一个说服策略。当很多事情我们说不清、道不明的时候，使用比附的方法，把对手说服，是最好的。

春秋时代，有一个善于使用比附的人，特别能说服领导。这个人叫晏子，辅佐的是齐景公。有一次，齐景公问晏子："当团队领导应该有所怕吗？"晏子说："应该有所怕。"齐景公问："团队领导最怕的是什么呢？"晏子说："一怕老鼠，二怕狗。"齐景公乐了："听说很多普通百姓都比较怕老鼠、怕狗，我是大领导，会怕这个？"晏子说："为什么要怕老鼠？我家乡的祠堂里边安放祖先牌位，放着好吃的祭品、美酒，我们逢年过节朝着祖先牌位磕头，香烟缭绕。可是有个肥大的老鼠在供桌上乱窜，大口小口地吃供品，吃得很开心。我们不敢打，投鼠忌器。老鼠可恨，可是你要打它，那些祭祀的礼器就会打翻，祖先的牌位就会倒，所以我们不敢打。但也不能让它越长越肥，想打它，得拿点好吃的东西，把它引下供桌，到一个角落的地方，再把它打死。大老鼠指我们国家有一些贪婪邪恶的人，他们占据了关键的位置，把持了核心的权力，正在做重要的工作。假如你上来就处理他们，会伤害我们的事业，影响我们的管理。对待他们，用现在团队管理的话讲，叫挪个窝再处理。先把他们的工作交给别人，把他们的权力交给别人，把他们放到一个比较清闲的位置去，然后再打。为什么怕狗？我们老家有一家人，他们家酿酒酿得特别好，一坛酒打开，半个城都是香的，叫半城香。但是他们家的酒销售量很低，因为他们家门口蹲着一条大狗，这狗非常凶猛，所有来买酒的人都不敢进他们家，于是酒就酸了，这叫狗猛酒酸。这说明团队当中负责人才进出的那个人特别重要。他的位置可能不高，但是他的形象作用特别大。如果你安排一个比较猛、比较凶、比较急，没有亲和力的人，他就挡住了企业人才的进出。所以在这个岗位上，我们要安排一个有足够亲和力、足够耐心、特别和善、会沟通的人。"

晏子用投鼠忌器和狗猛酒酸的故事，教育齐景公。齐景公说："哎呀！我终于明白怎么当领导了。"

这就是中国最传统的比附策略。当你跟一个人讲道理的时候，不如给他讲一个例子。道理是死的，例子是活的，道理说完就忘，例子当中的人物和故事可能记一辈子。我们在团队当中，教育员工，带队伍，培养接班人，得学会使用比附策略，让一个简单的道理生动起来，活起来。

水浒歪传

朱武用刘关张桃园三结义的例子来比附，让史进不敢动手。史进

115

也是江湖儿女呀！所以史进有点作难，瞅了瞅朱武，有点犹豫。一看史进犹豫了，朱武开始拍马屁说："我那个兄弟陈达，不听好言相劝，冒犯虎威，今日已被英雄活捉，我们也没说的。望英雄将我们一起捆了，交官府领赏，我们死在英雄手里也算死而无憾。"简单的一句话，包含了三个"英雄"，这是高帽子策略。这句话包含的逻辑是，你要承认你是英雄，那你就不能伤害义气，你要伤害我们，你就不是英雄。通过这个引导，史进放下武器，心里想，像我这种大英雄，怎么能杀这种好汉？有道是，大虫不吃腐肉，我也不收拾这些已经服了我的人了，能治一服，不治一死，如果我收拾他们，让天下人觉得我不是英雄。所以史进说："好，我不杀你们了，你们且跟我进庄来。"

待朱武、杨春进了庄之后，俩人很高明，又跪下了，说："你捆吧！"再次确定史进不会捆他们。史进说："我不捆，咱们都是自己人，我不会伤害你们。"到这，史进的攻击性，完全被朱武软化了。这时，朱武又使用了第四个策略，互惠策略。史进放了朱武、陈达和杨春这三个人回到少华山。三个人就商量："'九纹龙'史进要是上了少华山，咱们可就牛了。"为了让史进上山，朱武就送礼，收拾三十两金子，送到史大郎庄上，没过多久，又送大号的夜明珠、锦缎之类的礼物。中国有一句话，人情一把锯，有来必有去。果然没过多久，史进就拿礼物回送给少华山。一来二去，双方成朋友了。

感情需要载体，表达要有手段，你不能空口说白话。互惠策略就是在我们跟对方感情铁之前，先给他送点小礼物。给多了以后，他自然就对我们好了。中国人有一句话：吃人家嘴短，拿人家手短。在重大的商务谈判之前，千万不要接受人家的礼物、吃人家的饭，否则你心里就解除武装了，就已经投降了。等你再说话的时候，你的谈判能力、你的原则立场，都会不自觉地发生变化。

但是有些人偏不信："你给我用招，我不上当。你给我使糖衣炮弹，我啃了糖衣扔炮弹；你给我使美人计，我要美人不中计。"这不可能！你只要吃了人家的、拿了人家的、受了人家的恩惠，就不可能逃出这个策略了。

所以互惠策略从正面讲，指的是我们要跟别人拉近感情，得有点小礼物。感情是一篇漂亮的表面文章，得有表达呀！逢年过节回故乡，见父母、看亲戚朋友，不要空着手去，多多少少拿点东西，得有载体。人跟人之间怎么拉近关系？我们前面讲，好领导要送公明，"送"字怎么写？一个关系的关，加一个走之，这叫"走关系一定要送"，精神的内容要有物质的载体！你要想拉近关系，得有礼物，得有表达手段，得互惠。不能赠人礼物，就赠人一言、提个方案，给段感情、来个倾听、弄点关注，都可以。

我们的日常生活中，也会看到互惠的例子，比如说，你去买东西，人家说"不买没事，你尝尝"。不要尝，你当众尝了人家一个，你想走，腿都迈不开。因为你占了人家便宜，不给人家回报，你自己良心上过不去。所以试吃、试穿、试玩等都是很棒的销售手段。试用，试完就得用，你就得花钱。

朱武在整个梁山队伍当中，扮演了一个很独特的角色。什么叫团队呀？团字，一个口一个才；队字，一个耳朵一个人——一个有口才的人，站在前面领着，一群人附耳跟着，就是团队。

用而不重

用而不重，"用"是给权力，"不重"是地位不高，为什么用而不重呢？大家看《三国演义》：刘备对诸葛亮也用这一招。诸葛亮是有才华、有水平的年轻人才，诸葛亮的军事地位很高、权力很大，但是他的官职只是军师中郎将，级别很低。诸葛亮从军师中郎将成长为汉丞相、武乡侯大将军，用了二十多年！这二十多年是忠诚的二十多年，奉献的二十多年，努力奋斗的二十多年。假如诸葛亮一来，刘备就破格提拔，给个二把手待遇，他还奋斗吗？他再奋斗也不能成一把手，否则就把你给顶死了。所以你要是顶着格，让他当二把手，他奋斗的话，他得琢磨死你；他不奋斗，耽误了事业，也耽误了发展。

所以，对有才华、有水平的年轻人才，可以给权力，给重担，但是级别一定要逐级提升。在人力资源领域，这叫阶段式激励。有一个企业家，跟我说："我挖了一个营销人才，准备重用。"我问："你准备怎么用？"他说："我退居二线，当董事长，让这小伙子当总经理。公司全交给他，你说怎么样？"我一乐，说："不怎么样。他在你手下最多只能混到二把手。他来了，你就给他二把手，对他对你都是伤害。他以后要不要奋斗？他奋斗，就得把你顶走，这样他才有前途啊；他要不奋斗，就耽误他发挥水平，还耽误事业，你的工资奖金就白发了。"

这位企业家问："那你说怎么办？"我说："很好办，我们学宋江，咱们有丰富的职位资源；我们学刘备，咱们有很长的人才使用周期。他不是营销人才嘛，很简单，营销部有部门总经理助理、部门副总经理、部门资深副总经理、部门常务副总经理、部门代理总经理、部门总经理，这就六级了。再往上，公司总经理助理、公司副总经理、公司资深副总经理、公司常务副总经理、公司代理总经理、公司总经理，又六级了。这十二级，逐级提升，这哥们儿一辈子就交给我们了。年年有提升，岁岁有成长，每一步都有未来，一直干到终点。突然回头看，'我本来不想干这个，为什么干了一辈子？'他就被我们设计了。"

管理就是设计。你要沿着人性，沿着需求，给他设计一个成长路径。年轻人才不能顶着格地给待遇，你可以重视他，给权力，让他当特别助理，受命做特殊工作，慢慢再重用起来。

这四个原则，基本保证了梁山公司的大小人才都有了用武之地。然而，每个团队都有一些特殊的人，对待特殊的人、特殊的事，就得用一些特殊的管理方法。

亲贤治小，胜过"高人"的管理之道

多样化团队中，既要有君子，也要有小人；既要有神，也要有鬼。你看庙里，菩萨、佛祖慈悲为怀，普度众生，慈眉善目。但是庙门口的护法面目非常凶。

晁盖的创业团队就是一个多样化的团队，晁盖、公孙胜、吴用是一副正人君子的模样，刘唐和三阮则是凶神恶煞。搭完这个团队以后，在劫生辰纲之前，晁盖做了一个非常奇妙的梦。晁盖的怪梦和宋江的醉酒异曲同工。醉酒见人心，通过醉酒笼络武松，可以看到宋江的管理之心；做梦反映的是晁盖的潜意识，可以看到晁盖的管理之心。

晁盖这梦的内容是什么？晁盖梦见自己变成了闪亮的一颗星，而四面八方又来六颗星，组成北斗七星。《水浒》管这个叫七星聚义，这七星就是我们前面谈到的那七个好汉。七星搭成了，正要开始运转的时候，突然东南方向来了一颗黄色的小星星，往这七星里面挤，剩下那几颗星就拿脚踹它。这颗黄色的小星星就是水泊梁山倒数第三的好汉，叫"白日鼠"白胜。他也要参与抢生辰纲。

白胜何许人也？从他的外号就能听出来：第一，鼠辈。丢人啊！偷偷摸摸。第二，大白天的老鼠，老鼠过街，人人喊打。所以他肯定是一个水平不高、谋略不高、总被人欺负、小偷小摸的人。所以白胜要参加团队的时候，当时的英雄好汉就商量，要不要让白胜参加。以三阮为代表的一派就认为，这种烂人要他干什么，不要。但是以晁盖、吴用为代表的另一派认为要让他参加。

水浒金传

白胜参加以后，也分了一笔钱。你看，七星分完钱干什么？去水泊梁山，拿这些钱做创业基金，开拓梁山团队去了。白胜分到这笔钱，直接奔了赌场、洗浴中心，花天酒地去了。而且在那个地方，他的脑袋都不转个儿，一点理性都没有，大把花钱，成捆往出甩票子。于是，有的人就开始关注了，一个新来的客人，以前穷得叮当响，现在大把地甩票子，真是太可疑了，所以服务员赶紧汇报。得到汇报，官府马上就派人把白胜摁住了，问他钱是哪儿来的。白胜说："我不说，打死我也不说。"假装英雄。结果公堂之上，官差把刑具一拿，白胜的手都凉了。白胜说："别动手，大哥，我说还不行吗？打死也不说，只要还有口气我一定说。"白胜就把整件事情和盘托出，他叛变了。为这事宋江跟晁盖都暴露了身份，还差一点丢了命。

可以亲贤臣，不可远小人

你看白胜这么一个没水平、没人品、没意志的臭叛徒，梁山公司正式成立以后，还专门派一支队伍，把白胜救出来。既往不咎，另外还给了他一个官职。我们的团队，面临重大挑战，像白胜这样的小人和烂人，要不要用？对于这事，古往今来，一直存在激烈的争论。在此，我们也要讨论一下，团队中的小人和烂人这么可恨，为什么领导要把他们留下，即使领导也挺痛恨他们？

关于这种争论，我们从三国时期的著名人物诸葛亮说起。诸葛亮在《出师表》中很动情地回忆了大汉政权失败的原因，他说："亲贤臣，远小人，此先汉所以兴隆也；亲小人，远贤臣，此后汉所以倾颓也。"诸葛亮在中国历史上，第一次提出了一个命题，叫作"亲贤远小"。这个命题讲的是要跟正人君子亲近，远离那些奸佞小人。直到今天，我们都是这么认为的。但实际上，从深入的团队管理的心理机制、组织行为学角度讲，孔明先生这个命题是有点问题的。

顺道提醒一下，传承传统文化，要站着看，不能跪着听。很多人对待传统文化，都是扑通跪下，使劲磕头。"老祖宗你告诉我，我都听你的"，那不行。对待传统文化，我们要有勇气站起来，用平等的眼光看待圣人、高人的观点，甚至我们要勇于站在现代知识、科学的高度，俯视古人的缺点。能平视，甚至俯视，那才叫传承。只有仰视，甚至跪着，那叫迷信。所以我们要传承传统文化，但不能迷信传统文化。

对于诸葛亮也是这样，他很高明，但我们不用迷信，他也有错误。孔子有孔子的漏洞，诸葛亮有诸葛亮的毛病。"亲贤远小"毛病在哪儿？在第三个字"远"，为什么？从监控的角度讲，咱们的草根文化中，有一个说法，叫"宁远君子千里，不远小人一丈"。正人君子在千里之外，都会给你兢兢业业干工作；那奸佞小人，你转过身，他就给你捣乱。所以为了加强监控，我们一定得紧盯着小人。蜀汉政权的失败，就是因为诸葛亮远在汉中练兵，后方管理失控，宦官黄皓带着一帮奸诈小人趁机作乱，把国家掏空了。对待黄皓这种小人，诸葛亮应该怎么办？

首先应该知道这种人其他人都管不住，只有你能管得住，既然你要走，得把他们带走，给后主上道表，说："黄皓等年轻人才，有才华、有水平，现在正是用人之际，特申请给他们准将待遇，让他们到军前立功，将来前途无量。"然后把他们带到军前，管住了，一人给一份工作，他们要是好好干，就让他们干，不好好干，当场就杀。杀完之后，再给后主写一个汇报，说："前线斗争残酷，战斗很激烈，有重大牺牲，黄皓等战士都英勇牺牲了。"这样不就管住了？

所以不能离小人太远，否则管不住他们。即使看他们不顺眼，你也得盯着，这叫胸怀。

用君子靠人品，用小人靠水平

也许有人问："这胸怀有什么用啊？我把这些小人都清理出去，我的队伍当中人人都是天使，处处都高风亮节，这样不就行了吗？"事实上，这样还真就不行！这观点不是我提的，而是孔子提的。所以，我们管孔明先生叫高人，管孔子叫圣人。

圣人比高人高在哪儿？孔子说了这么一件事情：

春末夏初时节，孔子带着车队、领着学生东游。结果出了城，来到了农村。那地方路上的车辙比较乱，马车是要走车辙的，所以走着走着就偏了，把路边老农的青苗轧倒一片。老农就急了，你敢轧我的苗，我管你是孔子、孟子，照骂不误。于是，老农把镢头一横，往路中间一站，开腔就骂，骂得很恶心。堵车了，走不了了，还挨骂。学生们纷纷下车，围着孔子说："老师啊，这事怎么办？"孔子一皱眉说："你们看看这些人的文化素质真低，非得教育教育不行。"说完一挥手，把大弟子颜回叫过来。颜回是孔子学生当中思想境界最高的，孔子对他说："回啊，你去教育教育他，用你的文化、思想、理念来教育他，提升他的理想和人生境界，让他给咱们让道。"颜回颠颠去了。去得快，回来更快，小跑着就回来了，一边跑，一边拿袖子擦脸。孔子问："回啊，怎么样？"颜回哭丧着脸说："报告老师，你让我去给他讲道理，我去了才发现他整个一文盲，根本不讲道理，我刚说远大理想、先进文化，他就啐了我一脸，恶心死了。"孔子说："赶紧去消消毒，别被传染上什么病，快去吧！"

颜回走了之后，孔子说："我得找一个会吵架、有手段的人。"一扬手把子路叫过来。子路是孔子学生里最会打架的，听了孔子的吩咐，转身去了，去得快，回来得更快，比颜回还快。孔子说："怎么样，解决没有？"子路哭丧着脸说："报告老师，这老头不光是文盲，还是个流氓，拿着一个大棒子，我刚要动手他就要抢我。要不是我在之前练过短跑，早被打倒了。"

这下，剩下的那七十多个人谁都不去了，大家低着头。中国的知识分子，不怕文盲，就怕流氓，有太多的文明手段，但一条野蛮手段都没有。大家围着孔子问："老师啊，这事怎么办？"孔子点点头说："你们啊，靠边，我有办法。"把学生们轰上车，孔子也上了马车，一撩车前帘，车前坐着车老板，正在那儿叼着烟袋锅看热闹呢。孔子拍拍他肩膀说："先生，你帮我把这事解决得了。"车老板瞅瞅孔子乐了，说："孔教授，这种事你早该找我。"

车老板把小褂一抢，露出一身横肉，从车底拽出一个大棒子来，就奔着那个骂人的人去了。这老农正骂得欢，车老板往这儿一站，大棒子一亮、肌肉块一横。你猜怎么着？这老农不骂了。这就叫展示实力镇住他。这是解决问题的第一步，不让他乱说乱动。

第二步，亮明底线吓住他，让他知道他在干什么。这老农被镇住了，车老板把棍子一横，点着老农鼻子说："你个烂人，你这叫骂人吗？你这在找死。你知道你骂的是谁，咱们鲁国国君座上宾孔教授，刚从国君那块讲完课回来，从你家路过，就被你给骂了。你好大胆，你信不信我现在就一棒子打死你。"这番话吓得老农一声都不敢吭，手都哆嗦了。

第三步，换副笑脸劝住他。最后还得用温暖的手段解决，不能激化矛盾，不能真动手打，但你要不镇他、不吓他，他不服气。你要是上来就赔个笑脸，他觉得你软弱可欺，就可能抡圆了给你一嘴巴。不能做软弱可欺的人，实力还是很重要的。一看老农害怕了，车老板把棒子一放，换了一套温暖的手段，上来拍拍他肩膀说："你看看，你比我大几岁，我管你叫声老哥哥。你也不是糊涂人，你想，你要不在这儿种地，我也不能轧你的苗，我要不从这儿路过，咱老哥俩起不了纠纷。天下之大，人海茫茫，咱们能在这里相遇，也是个缘分。我知道你受了损失着急，没关系嘛！我赔你钱不就得了。"说完之后，这老农"嘿嘿"乐了，说："老弟，真不好意思，老哥哥我没出息，中午喝了点酒，刚才发酒疯，我说的是什么，自己都记不清了。"这叫用遗忘来表示道歉。这是一种表达歉意的方式，他说"忘了"，说明他让步了。这个车老板说："哎，老哥哥，你要这么说，咱俩还真有说的。别耽误时间，我给你赔钱，你赶紧让路，我还得走。"说着话，掏出几个钱往地下扔。老农低头捡钱，车老板把棍子捡起来往回走。老农抬头跟了一句："祝你生活愉快。"——三分钟不到就解决了。

车老板上车后，小鞭一甩，车队继续前进。车上的人郁闷极了，都哭丧着脸围着孔子，说："老师，你看世风日下、人心不古，我们绝不到外面去找工作了。"孔子问为什么，颜回班长代表同学们发言，说："老师，你看正人君子寸步难行，黑社会纵横天下，这世道变了。"孔子当场说了一个特别棒的道理："你们几个人只知其一，不知其二。我们做天下大事，就要遇到天下人。天下有高风亮节的正人君子，也有不讲道理的奸佞小人。你们几个人，有才华、有水平、有能力，要在国家庙堂之上、在重要会场上、在对外交流上，你们能讲得风生水起、满场喝彩。但以你们这么大的才华和水平，到一个山野之地，跟一个文盲老大爷讲道理，你们就寸步难行。"

这叫君子做不了小人的事，高人做不了低事。管得住一个国、一个省，不见得能管得住一个村。小人的事由谁来做？由车老板来做，正合适。中国民俗文化中，有个钟馗打鬼的故事。钟馗是一个凶神，用凶神来打鬼，正好。所以，当领导的得记住，你虽有很多文明手段，但不能没有野蛮手段。当你遇到野蛮人，用文明手段解决不了，得靠别的手段。你碰见狗，狗冲你叫，你不能冲狗叫。你的员工抬手给你一个嘴巴，你还不能还手，挨打不还手，丢人，还手更丢人。这时候怎么办？很简单，我们身边养条藏獒，就能管住天下的狗。怕挨打，我们身边带一个大汉，谁打你他挡着。宋江为什么走到哪儿，都带着李逵？在黑社会下基层，身边要带一更黑的，这叫震慑力。

所以，小人不好管，你得管着；小人不顺眼，你得忍住；小人不爱干，你得把他激励起来。"白日鼠"白胜为什么有用？因为这号人做某些事很合适。他做的事情，你让武松、鲁智深、林冲去做，他们做不了。这叫什么人做什么事。做大事，能用君子叫人品，会用小人叫水平。我们要做既有人品，又有水平的领导，才能把天下大事摆平。

说到这儿，我们要给诸葛亮的话改个字，诸葛亮的观点叫"亲贤远小"，建议把"远"字改成治理的"治"。老虎可怕，一辈子躲着老虎，那不叫水平；练会伏虎之术，把老虎驯得跟猫一样，让它蹲在门口给我们看家护院，而且它往这儿一蹲，别的老虎不敢来捣乱了，这叫水平。亲贤治小，是我们管多样化团队的基本观点。

小人难养，小心唯上

小人虽然有他的用处，但对小人必须小心。让小人办事，小人就可能会提许多无理的要求。你若是满足，他会贪得无厌；你若是不满足，就会招小人忌恨。怎么办？该满足的就满足，不该满足的就委婉拒绝。拒绝的技巧是特别重要的。

在团队冲突当中，大量的冲突原因都是人家向你提要求，你拒绝，而且拒绝得太直接、太生硬。如何正确地拒绝别人？《韩非子》中有一个故事，值得我们注意。

齐王手下有一个大臣，此人叫夷射，在齐王手下做高官。齐王跟他是哥们儿，很喜欢他。有一个冬天，齐王晚上待着无聊，就把夷射叫进来，两人一起喝酒。喝到后半夜，夷射就有点晃悠，嘴都不听使唤了，但是，宫里面有规矩，成年男子不能在宫里留宿。齐王就说："贤弟啊，宫里不能留你，这规矩我不能破。"天地之间什么最大？规矩最大。齐王接着说："你回去吧！你不是喜欢喝这个酒吗？哥哥跟你是自己人，也不外道，我给你准备了两大葫芦，你拿回去，跟弟妹分享一下吧。"说着话，齐王让旁边的宫人拿出两个大酒葫芦，给夷射挂在腰上了。夷射说："你看看，我们这领导真贴心。"

腰里挂了两葫芦酒，夷射就往外面走。那时已经后半夜了，门都已经锁了。夷射一回头，旁边耳房里面亮着灯呢，看大门的老大爷还在。夷射就拍着门环叫："有人吗？给我开门啊！"看门人出来了，看了看夷射，看了看这门，上去开大门。开门的过程中，看门人一提鼻子，闻到了一股特殊的香味。再仔细一看，夷射的腰上挂着两大葫芦酒，香味源源不断地从葫芦里头冒了出来，比香奈儿5号的味儿还香啊。看门人心想，他们过得真舒服，吃香的喝辣的，晚上肯定吃的韭菜盒子，太好吃了！喝的是牛栏山二锅头，这"牛二"很好喝啊！想着想着，看门人就馋得哈喇子吧嗒吧嗒地掉。最后，看门人一咬牙，跟夷射说："大人，你看你喝高了，你的酒又那么多，你肯定喝不完。能不能把你葫芦里的酒倒点给我尝尝啊？"

夷射把嘴一撇，都没正眼看他，说："咱俩差七八级呢，你都没资格跟我说话，还朝我要酒呢！你不撒泡尿照照自己是什么人，呸。"说完，夷射一抖袖子，转身跨过门槛就出去了。他不光没给人家酒，还侮辱了人家的人格。这看门的大爷可不是心胸宽广的人，受了这番侮辱，他决定报复，心里暗道：好小子，瞧不起我，你觉得我不行啊？我给你来一个狠的，要你的命。

看门人回到耳房里面端出一盆水来，估计是头天晚上的洗脚水。就是这盆洗脚水，要了夷射全家的命。这个典故叫"盆水杀人"。这老头端着水出来，看左右没人，把水照门边一泼，泼完了以后，提着水盆，哼着小曲回去睡觉了。冬天冷啊，第二天早晨，水冻成了冰。古人非常迷信，认为门口冻了冰必主不祥。齐王上早朝，走到门口看到冰，就急了，"把昨天晚上值班的都给我叫来！"昨天晚上值班的警卫、打更的、看门的、值夜的都给叫来了。齐王问："都给我跪下。说，这冰是哪儿来的？说清楚还则罢了，说不清楚把你们都杀了。"

大家不知道怎么回事，看门的大爷从人群中爬了出来，磕个头，说："启禀大王，我知道是怎么回事，昨天晚上是我守门的。我在耳房里面正在睡觉，你那好朋友夷大人从那儿出来了，他让我开门。就在我给他开门的时候，看见他在那儿踮着脚，跑到墙角里面，对着墙，把裤子解开了，之后嘘嘘两声，"哗啦哗啦"一阵，然后他系上裤子，从门里走出去了。今天早晨那儿就有了这坨冰，主公你闻闻，还骚着呢。"齐王当时就怒了："好小子，给脸不要脸，敢在俺家门口小便，这还了得？来啊，点三百御林军，给我满门抄斩。"夷射在被窝里还没睡醒呢，被拎出来，一刀斩为两段。全家都被杀光了。

————————✦————————

这个血腥的案例，说明了什么？汉代以后，很多人在探讨这案例的时候，有几个观点：

其一，龙颜无恩。真正做大事的领导只记你的坏处，不记你的好处，不管有多大的贡献，只要你敢违反纪律，都会动狠手杀你。不要以为人家会念旧情，要看眼前，看表现。

其二，小人可怕。宁得罪君子，不得罪小人。君子相斗狠在当前，小人相斗狠在背后。小人要是恨上你，他眼前笑呵呵的，但是，过二三十年，再给你下狠招儿，这叫不怕贼偷，就怕贼惦记。

其三，领导身边的人不能得罪。一个看大门的，你把他得罪了，说不定啥时候，他告你一状，你的人生和事业就崩溃了。所以，领导身边的人要敬而远之。不能给他好处，也别跟他有冲突，离远点比较好。

那么，以现代的管理心理学、组织行为学的观点来研究，我们得出一个全新的结论：夷射，不是死在龙颜无恩上，不是死在小人可怕上，也不是死在领导身边的人不好应付上，而是死在他自己没有拒绝的技巧上。他只会用简单粗暴的方法拒绝别人，那一定会出事的。人家跟你要酒，你不愿意给，有很多方法拒绝。

第一，可以无限期拖延。"这个酒现在不能给你，人多眼杂，等将来有机会我一定给你"，什么时候有机会，不知道。

第二，找个东西替代。"这个酒不能给你，没关系，赵老师那儿有酒，他又不喝酒，你去朝他要。"

第三，设个条件来转移。"我现在不能给你，明天早上你过来，我再给你。"第二天早上跟秘书说："那人来朝我要酒，就说我不在啊。"

拒绝有很多视角、很多方法，现在的人际沟通理论，给了我们拒绝的六个字口诀，适用于各种人际冲突。这六个字是：承认，苦衷，出路。承认，就是我不能给你东西，但我要承认你的要求是正当的，承认咱俩的关系是亲密的，承认你是有贡献、需要关照的。承认之后讲苦衷，说我愿意给你，但是，我不能给你，原因是……最重要的是出路，拒绝别人，不给别人指明出路，你的拒绝只能打一半分，必须指明出路。

我们给夷射包装一个拒绝方式：首先承认他，夷射一乐说："老哥哥，这么黑的晚上，在这么冷的天，你值班确实很辛苦，喝点酒暖暖身子完全应该，我这酒要能给，我都愿意给你。"这叫承认对方有价值，承认对方要求正当，承认自己愿意给。承认完了之后，找个理由讲苦衷："但是这酒我不能给你，因为这是御酒，有圣旨的，我要是给了你，那叫抗旨不遵，你掉脑袋，我也得掉脑袋。为喝这点酒掉脑袋，不值得。"这叫苦衷。

讲完苦衷再讲出路：

- 虽然我这个酒不能给你，但是，门口站着的那个保安有酒，他的酒没有圣旨，可以给你，你不知道他的电话？没关系，我这儿有电话。你给他打电话，就说我让你找他的。
- 明天白天你到我的府上去，我那儿人不多，眼不杂，我再给你。
- 你那个酒啊，你把它加点姜热一热，口感跟我这个酒是一样的。
- 你明天到对面的商店买酒，开发票，回过头来我给你报销。
- 将来一旦有了没有圣旨的酒，我都给你，你给我留个电话吧！

我们有 N 种方法拒绝别人，而夷射偏选择了最愚蠢的一种。中国文化的特点是什么？第一，尊重别人。第二，委婉表达。

尊重别人和委婉表达是我们沟通文化最基本的特征。假如你在拒绝的时候，因为过多地关注了自己，没有尊重对方，没有委婉表达，一旦爆发冲突，那就会是天大的冲突。所以，夷射的事，一半怪看门的老大爷，一半怪他自找，在这里要特别强调在沟通人际冲突当中学会拒绝。

现代行为学给了我们一个基本框架，当我们跟一个人发生冲突的时候，应当使用以下几个手段：

竞争，又叫直接拒绝，毫不犹豫，斩钉截铁，只关注自己，不关注他人。

妥协，又叫答应，没有任何条件，无条件答应，只关注对方，不关注自己。

回避，"这事现在说不清，咱别说了，过些日子再说"。这个手段比较高明，比如我们开会时，两个中层领导拍桌子，瞪眼睛骂起来了，让大领导来评判，大领导不管支持谁，都会激化了矛盾，这时候大领导就得回避一下，说："你们俩打住，你们俩谈的问题不是今天会议的主题，不管刚才谈什么，过去就算过去了。从现在开始，谁再谈，谁给我出去。至于这个问题到底怎么办，过两天另行研究。"

折中，就是我让一步，你也让一步，达成妥协。折中我们用得最多的是在商品的讨价还价中，对方要 100 块，你给 50 块，就折中一下给 75 块好了。

取长补短，善待有缺点的人

人没有十全十美的，在多样化的团队中，有些人虽然不是小人，但是他们有缺点，犯过错误，甚至给团队造成了损失，对这些人当然不能弃之不用。明知其是小人，还要使用，偶尔犯错误就让他走人，只会引起更大的冲突。那团队领导应该怎样对待这些人呢？

用发展的眼光看待错误

以《水浒》第46回《扑天雕两修生死书　宋公明一打祝家庄》的内容为例。

水浒全传

　　杨雄、石秀这二人要上梁山，路过祝家庄大酒店，晚上就住在那儿。这个祝家庄大酒店很奇怪，不供应荤菜，全是素菜。杨雄、石秀在那儿吃饭时，就碰到了另一个未来的梁山好汉，"鼓上蚤"时迁。时迁是小偷，跟白胜一个专业，时迁想上梁山，自忖："我不行。我既没人脉，也没本事。我要上梁山的话，这帮人不要我怎么办？"看到杨雄、石秀，时迁高兴地说："二位哥哥，你们俩给我引见一下得了。"杨雄、石秀说："行啊，自己兄弟，我们给你说好话。"时迁为了讨好杨雄、石秀，决定表现一下。

　　时迁说："两位哥哥，你看看这吃得这么素，烧油菜、素三鲜、拌豆腐、豆沙包……一点荤腥都没有，淡得眉头都掉下来了。这哪行？别着急，兄弟我有办法，咱们来点荤的。"说完就跑到后院，把祝家庄大酒店负责报晓的公鸡弄来宰了，做成红烧鸡块，这哥儿仨坐着吃。

　　酒店的人发现鸡没了，就到处找，找来找去，找到这屋里了。看看地上的鸡毛，锅里的鸡肉，桌上的骨头，他们嘴里还嚼着。抓个现行，就让他们赔鸡。时迁说："老子不赔。"酒店的人说："你凭什么不赔？"时迁说："老子是梁山好汉，所以不赔，道理很简单。"大酒店的人说："你不赔哪行！"一拥而上，动起手来，三下五除二，杨雄、石秀被打跑，时迁被活捉。由此可见，祝家庄的这些人武功素质都比较高。

　　杨雄、石秀于是上梁山，去搬兵，来灭祝家庄，这才有后来的"三打祝家庄"，死了很多人。三打祝家庄，翻译成现代语言，就叫"一只鸡引起的战争"，就是这么回事。杨雄、石秀上山了，一要报仇，二要搬兵。可是怎么报仇，怎么搬兵，得想想，哥儿俩觉得这事先别跟晁盖讲，探探情况再说。

　　上梁山之后，当时的董事长还是晁盖。晁盖端起酒杯，说："两位英雄，欢迎欢迎，来，喝吧！"俩人谁都没说什么。酒过三巡，菜过五味，这酒劲一上来，就管不住自己嘴了。于是，俩人说出了原委。这事一说出来不要紧，晁盖勃然大怒。

　　晁盖怒什么？我们理解晁盖，晁盖怒的是三件事：第一，梁山好汉是忠义之士、高风亮节。你们这些偷鸡贼也想上梁山，你们把我们当成什么人了？第二，你们做好事的时候，怎么不说自己是梁山的？你们偷人家鸡时却说自己是梁山的，这是往我们脸上抹黑，可恨！第三，你们把人家摆平了，不管你有理没理，说自己是梁山的，也能往我脸上贴点金，我也就认了。你们被别人摆平了，被打得鼻青脸肿，最后跪下说自己是梁山的，你们这不是败坏我们的名声吗？

晁盖拍着桌子说："来人，把这两个鸟人给我推出去，斩了！"要杀人解恨，这时候宋江站出来了。

宋江的做法就体现出了一个领导者的深谋远虑。宋江说："两位壮士不远万里来此协助，为何要将二人杀了？你杀了这两个人，谁还来我们梁山公司投简历？谁还来我们梁山公司找工作？"想想，你的公司要是在招聘会上杀了两个投简历的人，谁还敢来？以后的事业怎么做大？

在处理这件事情上，我们看到：第一，宋江有远见，晁盖没有。第二，晁盖用静止的眼光看待一个人的错误，只盯着过去的毛病不放，宋江用发展的眼光看待别人的错误，谁都有毛病，但人是发展的。

虽然晁盖不容他们，但是在宋江的说和下，晁盖有点认同了。于是晁盖让杨雄、石秀去坐在"锦豹子"杨林之下。杨雄、石秀后来在梁山，可是属于排名前列的好汉，而晁盖给这俩人的是职务待遇不算太高，而且"锦豹子"杨林排名第五十一位，杨雄、石秀居然比他还靠后。从这件事上又可以看出，晁盖是根据一个人过去的表现来给待遇的，而宋江是看一个人现在的表现，兼顾一个人未来的发展来安排位置。我们认为看人，要看现在、看未来，不能眼睛盯着过去。你看天鹅生下来就是丑小鸭，但是它在成长，将来会变成天鹅。你是按照天鹅的模式管它，还是按照丑小鸭的模式管它？

看到别人过去工作上的毛病和问题，我们应该怎么办？是像晁盖一样，看到杨雄、石秀过去的毛病和问题，决定不用这两个人了，让他们坐在"锦豹子"杨林之下？肯定不是。宋江后来就启用了杨雄和石秀。火烧大名府时，"拼命三郎"石秀几进几出，真是拼命，做了很多别人做不了的工作。

在用人上，晁盖的观点是，因为你过去业绩不好，我决定不用你。宋江的观点是，你过去业绩不好，但你有优点，所以将来还可用啊！

用认同的眼光看待缺点

如何用认同的眼光看待缺点呢？先解释一下什么是认同的眼光。

我有一个学生，在他身上发生的一段故事，让我感受到用认同的眼光看缺点的重要性。这个学生上学的时候追女朋友，追的是系里的宣传委员，那小女孩可是300多人的形象代言人，形象肯定差不了。小伙子能追到吗？追不到，于是痛苦地毕业了，哭得稀里哗啦。

当一个团队要解散时，男人眼泪汪汪，女生稀里哗啦，都掉眼泪。但是原因不一样，这叫动情机制。女孩子动感情掉眼泪，一定是舍不得一个氛围、一个团队。所以团队解散时，女孩子掉眼泪，我们人人都感动，她的眼泪中有我们的一份。男人稀里哗啦掉眼泪，绝对是因为舍不得一个人，你甭感动，那人不是你。

　　一年以后，突然有一天，那小伙子给我打电话，要请我吃饭。我们俩就聊了几句，于是我得出一个结论，这个男人桃花开了。

　　在我的追问下，他承认了。我说："既然谈女朋友了，哪天带来让老师过目一下吧。"他说："老师，这次给你打电话，就是想把我女朋友给你看看。"我说："要是这样的话，你这叫亮宝，说明这女朋友形象不错呀！"他说："特别好，相当好，极其好。"我问好在哪，他说："哪儿都好！没毛病，太完美了。"他一边说，一边呵呵地乐。我说："你打住，冷静啊，冷静！你想，世界上有没有完美无缺的人？你们俩亲密接触快一年了，居然就看不出她一点毛病，说明这事不靠谱。至于产生不靠谱的原因，我认为是：第一，人家段位高，把你骗得结结实实的；第二，你脑子进水了，而且进了很多。根据我这几年对你的了解，一定是上述两种情况同时发生了，该撒你就撒吧。历史经验已经证明，如果你咬牙不撒的话，将来受伤害的就不止你的心灵，估计还得有你的钱包。一个男人心灵上的创伤，是容易平复的；钱包上的裂痕，是不容易弥补的，你就撒吧……"没等我说完，他把电话抡起来，"啪"的一声撂了，不理我了。

　　但是，这是我当老师的责任：苦口婆心，揭示真相，讲明道理，劝学生恢复理智。学生也有拒绝的权利。过了元旦，他又给我打电话了。这回口气完全不同，那真是桃花谢了一地啊，连桃树都让人砍走了。一问便知，不仅他的钱包受到毁灭性打击，连他爹的钱包都受到了波及。

所以，人跟人打交道，你能看到他的缺点不足，这是好事啊！我们常说，似水柔情。让一个男人脑子进水的感情，就叫似水柔情；而让一个男人脑子进开水的感情，就叫火热的似水柔情。这哥们儿就是进了开水了，而且是主动灌进去的，别人给他降温、吹风，他不信。

真实的世界是有很多缺点、毛病和遗憾的。但因为真实，才稳定，要不真实，就反常。作为团队领导，跟一个人打交道，短短两个月，你就看到他的毛病，说明：第一，他真诚，没骗你。第二，你有理性，眼睛没进沙子，脑子没进开水。你知道他的优点，优点可用；知道他的缺点，缺点可以提前预防。在这种情况下，他有真诚，你有理性，优点可用，缺点可控，就能形成紧密的关系。

怕就怕看到一个人，左看左顺眼，右看右顺眼，怎么看都看不出毛病，用文学语言描述，即春天看着像花，秋天看着像果，夏天摸着像冰，冬天搂着像火。这时，你的问题就来了，他的水平比你高，段位比你高，你脑子又进水了，他坑你坑得结结实实的。"你找他苍茫大地无踪影，他捉你神出鬼没难躲藏"。要是这种情况，你就会出大事了。

现代管理学有个基本结论：稳定的人际关系，是基于缺点展示和缺点认同的。我要跟你交朋友，我向你展示我有这些毛病，看你能不能认可。你要是能认可，咱们是好朋友；你要是不认可，退半步，一般朋友也可以，这叫缺点展示。咱俩都展示了，说明咱俩有基础了，不能光看优点，缺点是稳定的基础，优点是发展的基础。先有稳定才能发展，没地基哪行？

我们的友谊是大厦，缺点的认同是地基。有的领导说，我就要找一个完美无缺的人，这是糊涂，是在坑自己。缺点认同，就是指我们看到一个人的缺点，说明这个人真诚，我们有理性，合作有前途。晁盖在这一点上做得就不够，所以领导胸怀不光是感性胸怀，还有理性胸怀。有胸怀的人不光是能忍，而且能超越，你能忍住别人的缺点，那不叫水平，你能超越缺点，看到缺点对事业的价值，那才叫水平。

不是下属错，而是你安排错

关于这种观点，我们举一个参照的例子。

《三国演义》中的刘备，重用诸葛亮，让诸葛亮管军事、外交、民政。诸葛亮做得都特别棒，最后刘备让诸葛亮当军师。刘备用的另一个高人，是庞统，但他让庞统去做耒阳县令。结果庞统去了，整天喝酒、聊天、打牌、上网，半夜起来去打游戏，天亮睡个小懒觉，过得滋润着呢！后来，张飞来检查工作，发现整个县里乌烟瘴气，所有的工作都被耽误了。张飞回去，狠狠地在刘备面前奏了庞统一本。刘备不是一般人，心想这个人才，在我这不起作用，到别人那儿万一起作用怎么办，我用不了，对我是威胁。于是，就准备对庞统下手了。看到这种危险趋势以后，鲁肃和诸葛亮，这两个工作介绍人站出来，跟刘备解释，替庞统讲道理，说庞氏原是万里之才，但他做不了百里之事。他是一个战略型人才，但他不是技术型人才。你要让他当三军参谋，当副军师，跟着你守边疆、打敌人、稳定天下、研究战略，他很好；你要让他当分公司总经理，让他管一个小公司，他搞不了这个。后来刘备果然把庞统提拔成副军师，入川的时候，庞统做出了很大的贡献。

在庞统身上，我们就看到了一种特殊的人才。诸葛亮这种人才在哪个岗位上都有业绩，这是职业适应性特别好的人才，你翻开他的简历，过去全是光荣，处处都有业绩。而庞统这种人才，你翻开他的简历，全是缺点，全是不足，这是职业适应性特别专的人才。他只能把一个岗位干好，别的岗位干不好，你要把他安排在别的岗位上，他出了错误，有了毛病，并不是他没能力，而是你安排得不对，这叫能岗不匹配。

中国有一句古话：一屋不扫，何以扫天下？人力资源领域也一直在争论这个问题。有一种人才，既能扫一屋，也能扫天下，这种人才是诸葛亮型人才，大事小事都做得好，兢兢业业，当然我们欢迎这样的人才，但是这样的人才太少。对这种人，要既给荣誉、待遇，也给权力。

还有一种人才，就是只能扫一屋，不能扫天下，你让他干小事，他兢兢业业，打字打得棒，写字写得好，端茶倒水及时，通风报信准确。但这种人，你要把他提拔到扫天下的位置，他干不了。所以很多过去表现很好的人，还得看他的职业适应性。那这些人能不能当领导？不一定，他有态度，但不一定有能力，你要强制性地把他提拔到领导的位置，他就有可能耽误公司的发展。所以对只能扫一屋，不能扫天下的人，你可以给荣誉、给待遇，但是不能给权力。

第三种人才是最具挑战性的，只能扫天下，不能扫一屋。像庞统就属于这种人。你给他天下大事，他做得特别棒；你给他小事，他做得很烂。这种人可能过去扫屋子，业绩上有一大堆漏洞。但是如果你把他给拿下，就浪费了人才，错过了机会。这种人才，是我们特别容易忽视、特别容易冤枉的，而且很多人都是这种类型。

于是我们就得出一个结论，像庞统、杨雄、石秀这种团队成员，在过去的岗位上，有了毛病，出了问题，犯了错误，要不要把他们清理出队伍？要不要开除？要不要批评？要不要拿下？不要。作为团队领导，想的第一个问题就是，此人在人事安排上，是不是缺乏针对性，是不是安排得不对。

用人不能一棒子打死，不能一概而论，我们要有丰富的眼光和视角。一个有缺点、有毛病的人才，如果你不考虑安排针对性岗位，可能把人家给冤枉了，考虑了安排的针对性，换个岗位，他就出业绩。当会计当不好，当战略部主管可能当得很好；当助理当不好，当总经理可能当得很好；做小事做不好，做大事可能做得不错。

越是亲信越不能亲近

前面说过，李逵这个人物在宋江团队中发挥了一种极其特殊的作用，就是利用鲁莽的性格，为团队争待遇、争利益，在关键时刻，扮演黑脸的角色，为领导扮演红脸的角色留出更广阔的空间和余地。团队中要是没有这样的人谈负面的事情，那你谈正面事情的余地是很小的。这叫角色平衡。由于这一点，宋江特别欣赏李逵，走到哪都带着李逵。下属发点脾气，犯点错误，谁都可以收拾，谁都可以处理，唯独李逵，既不收拾，也不处理。原谅时间久了，宽容时间久了，就变成了放纵，所以李逵就开始出问题了。李逵做了一件大出宋江意料的事情，引起了轩然大波，引出了一套矛盾的解决方法，那么，这件事情是什么？它的解决方法在哪儿呢？这事出在《水浒》第73回《黑旋风乔捉鬼　梁山泊双献头》。

水浒歪传

　　元夜闹东京之后，宋江随马队快速退到梁山，相当于现在坐动车回的梁山。李逵坐的是慢车，见站就停，结果走到一个村镇，离梁山已经不远了。"浪子"燕青跟着李逵，李逵说："小乙哥哥，我饿。"燕青说："那咱们吃饭吧！"领着李逵到一个庄上吃饭。庄上的老汉跟他老婆就准备了一桌子饭，李逵跟燕青就大吃起来。李逵的吃相是很让人震撼的，大嘴一撇，大腮帮子一甩，"咔咔咔"地吃。吃着吃着，李逵发现，老汉跟老太婆坐在对面，瞅着李逵吃，一边瞅，一边"吧嗒吧嗒"掉眼泪。李逵就急了，把饭往桌上一吐，站起来说："你们俩也太抠门了，你们家这么富有，有这么多房子和地，这点饭算什么？而且老子又没有说不给你们钱，我吃完了给你们钱不就得了！看我吃这么两口，你们就哭成这样，至于吗？"老汉说："壮士，你别误会，我没哭这粮食。"李逵问："那你哭什么呢？"老汉说："我哭我闺女呢！"李逵呸了一口："你以为我吃饱了还惦记你闺女？老子从没想过，你别哭了。"老汉说："不是你惦记我闺女，我闺女已经被人惦记了。"李逵忙问怎么回事。老汉说："前两天来俩梁山好汉，把我闺女抢走，当压寨夫人了。"李逵大吃一惊："啊，还有这事？那你说，这两个好汉什么样，是谁？"这老头说："一个自称宋江……"李逵一听这个，"噌"地站起来，把大斧子一抄，说："这个烂人，终于干出这种烂事了！"

　　二话不说，饭也不吃了，拎着斧子奔梁山。燕青心想，你这也太简单粗暴了。赶紧追他："别呀！铁牛兄弟，别这么鲁莽，咱们再判断判断、调查调查、研究研究……"李逵说："研究什么？我先把他脑袋

145

切下来再研究。"

上了梁山，宋江正在忠义堂上批阅文件呢，一看李逵回来了，宋江笑道："铁牛啊，坐慢车不如坐动车吧？以后快点吧！时间就是金钱，效率就是生命，要抓紧时间，别为那一二十块钱的事，耽误那么多时间。"李逵怪眼一翻，说："来来来，宋哥哥，让铁牛砍掉你的脑袋，当个足球踢踢。"说完抢斧子真要砍。

李逵是不讲理的，宋江也害怕了，一见这个，赶紧站起来，转身从后门出去了。一出后门，宋江说"来人"，"花和尚"鲁智深、"行者"武松、"九纹龙"史进，这帮人都进来了。这都是水泊梁山拳脚上的高手，二话不说，就把李逵挡住了。李逵冲不破这人墙，一转身就奔到院子里，看着那大旗说："替天行道？行的你个鸟道，见人家闺女就抢，你什么人呢？今天不行道了。"说着话，抢起斧子，把梁山的大旗硬给砍下来了。

这是多大的事啊！好比我们公司一个员工到办公室捅领导，没捅着，拿一汽油桶到门口，把大门上的公司牌子给点着了，这是天大的事。

都是亲近惹的祸

宋江一见就急了。通过这件事情，宋江突然发现，自己工作的失败：最喜欢的是李逵，最贴心的是李逵，最信任的是李逵，但没想到，这么信任的一个人，会拿斧子砍自己。宋江死活不明白，李逵为什么要杀他，所以他要跟李逵对质。

水浒奎传

宋江说："铁牛啊，咱俩的交情也不是一天两天了，哥哥的为人你是知道的，我怎么可能做那样的事呢？"李逵说："你的为人我当然知道，包阎婆惜是小例子，到东京会李师师是大例子。这种事你就是做得出来，我是了解你的。"哎呀！宋江根本就没想到，自己在李逵心中，是这么一个淫荡的形象，宋江还以为自己在李逵心中是完美的，高大的，高风亮节的，一尘不染的。

所以说，宋江在管理李逵上，方法是不全面的。宋江忘记了重要的一条，管人才既要给情感形象，也要给价值和道德形象。宋江一直在扮演李逵的亲哥哥，甚至亲爹的形象，情感形象已经很深了，但是宋江忘记了树立自己的个人道德和价值观形象。所以虽然有那么深厚的感情，李逵对宋江的价值观还是有怀疑的。

我们一定得记住，在团队管理中，就算有过命的交情，就算是掏心窝子的兄弟，你在他面前该讲理想就讲理想，该正襟危坐就正襟危坐，该谈人生就谈人生。时不时地谈谈心，往大了说，是教育他，树立理想；往小了说，是树立自己的形象。领导是吃形象饭的，不光有能力形象、感情形象，还要有价值观形象。

有些高校的老师也是这样。很多老师有才华、有水平，跟学生打成一片，关系也很好，但背后说起这老师来，同学们就撇嘴。那是因为这老师没有价值观形象，同学们觉得："这哪儿是老师啊！整个一商人，一张嘴就是钱。"给学生分项目，发工资，导致很多学生都管自己的老师叫老板，这是商业的成功、教育的失败。老师是老师，如果全中国的老师都成老板了，我们的下一代怎么办？我们的事业怎么办？我们的未来怎么办？老师被叫成老板，他最大的问题在于，忘记了要树立正确的价值观形象，事事都讲商业，事事都讲条款，处处都为钱，那你可不就是老板。

宋江也忘记了这个问题。我们干工作，有务实的一块，也得有务虚的一块。还是那句话，往大了说，是树立理想价值观，带队伍；往小了说，是展示自己的人格，"我是闪光的"。打个比喻，一个人就像一个灯泡，亮的时候，像天上的星星一样，璀璨美丽。但是把它关了再看，上面全是尘土，说不定还有苍蝇屎呢。我们每一个人都有自己的尘土，都有自己的苍蝇屎，如果你不通电，谁都觉得你是块脏玻璃。怎样让自己闪光呢？人要讲理想，讲精神境界，才能闪光升华。

宋江也是一盏灯泡，上面有苍蝇屎、有灰尘，但宋江忘记了在自己亲密的人面前通电，忘了讲理想、讲价值、讲人生、讲境界。没有这些，再有感情，人家心里也瞧不上你。

很多家庭的传统是严父慈母，慈母就是有爱心的妈妈，严父就是严厉的父亲。错！严父，要让孩子觉得肃然起敬，值得尊敬的父亲，才能带出好孩子。所以当家长的对孩子不能光亲密，只讲感情，不能说"这就是商业社会，我们就得挣钱，其他的都是假的"，甚至一些家长，一看孩子的作文上写满理想，就说"那都是骗人的，宝贝别信那个"。你这样做，既让孩子没有人生的高度和境界，也破坏了你在孩子心目中的形象，以后就没有影响力了。严父是值得尊敬的父亲，怎样让孩子尊敬呢？你得讲理想，讲价值观。

宋江算一个慈父，不算一个严父！作为一个领导，该通电得通电。我们每个人都有缺点，如果不通电，下属怎么服你？这是宋江的问题，也是带团队，特别是带亲密团队的问题。

管好自己身边亲信的人，有一个管理原则，叫近严远宽，先严后宽。近严远宽就是对身边的人要以严为主，对普通员工你可以宽一些，纵容一点。道理很简单，身边的人一天到晚跟我们在一起，有的是时间沟通感情、交流信息、称兄道弟。但是往往时间一久，他没大没小，忘记了自己是谁，说不该说的话、做不该做的事情，伤害领导形象，扰乱管理秩序。所以对身边的人要立规矩、讲道理、讲理想，有了这个规矩，大家平时还是好兄弟，但是你敢触犯规矩，我绝不饶你。但普通员工就不一样，一天到晚没机会见面，他们对领导敬畏有余、亲密不足。对普通员工，我们就应该见到面了给他们一点温暖，就算是普通员工有点毛病，也应该温和地提醒，而不应该严厉地训斥。

比如有个普通员工上班时趴在桌子上睡觉，睡得很香，口水流得很飘逸。你看见了，别骂他，拍拍他的肩膀，提醒他："年轻人，要注意身体，总熬夜身体会垮掉的。而且你看你这样睡觉，把手都压麻了，老了以后要四肢麻痹的。睡午觉，身体仰着点好，你姿势不对，起来重睡。"这是用温暖的方法提醒他，而不是和稀泥。你要是生气，可以骂他的部门领导："你这领导还想不想当？你手下的人上班睡觉，睡成这样，你管不管？你不管我换了你！"让他的领导再去骂他，这叫谁的孩子谁管，谁的下属谁骂。

很多领导不明白这个道理，隔着四五层骂一线的员工，而且还把人骂哭了，糊涂啊！你当众骂别人，是在打自己的脸。对底下人宽一点，对身边人要立规矩。宋江首先没给李逵立任何规矩，所以没规矩的身边人最容易做的，就是败坏领导的事情。

冲动的员工赛魔鬼

由于宋江一没有树立个人价值形象，二没给身边人立规矩，造成了李逵抡大斧子来砍他。假如有一天，有一个员工，拿一板砖进屋要拍你，而且这个员工过去还是你的得力干将，你怎么办？下面的人，踹开门进屋了，当场要跟领导对骂，和领导对打，面对这样有挑战性的事情该怎么办？宋江很了不起！给我们提供了解决这种冲突事件的四个标准打法：

第一，回避策略。你记住，员工进屋要跟你玩命，你最好的办法，就是把他留下，你赶紧走。你们俩要是对骂起来、对打起来，他不丢人，你丢人。如果你不动手，任凭这哥们儿在你面前指着鼻子骂你，揪着领子打你，你还丢人。一个领导，只要员工用野蛮手段跟你打，跟你骂，你不管动手不动手，都丢人。最好的方法是回避正面交锋，躲过第一轮攻击。所以宋江选择得很正确，一看李逵来了，二话不说，转身就走，这叫回避策略。

第二，控制策略。你要走，他跟着你怎么办？就是找几个人把闹事的员工按住，然后听他的原委，看他为什么来闹事。宋江就让武松、鲁智深和史进把李逵按住，捆住，搁小屋里，然后让吴用去问问，他到底是怎么回事。吴用去了，让李逵平息怒火，跟他交流，给他记录，另外再让他吃点喝点，冷静冷静，通过控制策略，了解情况。

第三，引导策略。等对方冷静了，领导再出场，进行责备、痛心、指点、启发的程序。

水浒歪传

宋江出场了，首先跺着脚说："铁牛啊铁牛，你砍死我不要紧，你怎么能砍倒大旗呢？那是梁山公司的核心价值观呀！那是我们的希望和未来呀！你还真不如砍死我呢！我的心都碎了。（这叫责备）

"铁牛啊铁牛，咱俩认识也快十年了，从闹江州开始就在一起，朝

夕相处，哥哥对你掏心窝子，你今天怎么能拿着斧子来砍我？我到现在都不相信。哎呀，我这心里难受啊！（这叫痛心）

"铁牛你想一想，我怎么可能抢人家闺女呢？就算你不相信我的人品，你觉得我好色，我会去抢人家闺女，但是我抢人家闺女时还说自己是宋江，我给人家留名片，连微信号都给人家，告诉他要骂我，到微博上边发帖挂我，我糊涂啊？你可以怀疑我的人格，但不能怀疑我的智商啊！我没有那么笨，你想过没有？（这是指点）

"铁牛你想一想，你再去找那老汉，你问问他，抢他闺女那人长什么样。把我照片拿去，你让他对一对，这一比不就比出来了？是我的话，你再收拾我；要不是我，是谁，你找谁去呀！"（这是启发）

经过责备、痛心、指点和启发，李逵大黑脑袋一晃，说："哥哥，你说得对呀！应该是这样，我忘了问，那人长什么样了。"宋江叹口气说："哎呀！你真让我没话说。"一甩袖子他走了。

当有人把你当成攻击目标，来跟你玩命的时候，你不要自己提解决方案，否则，怎么着你都被动。宋江回头瞅了瞅吴用，说："吴先生，这事就交给你了，我走了。"把解决权力交给摇扇子的人。一般我们都是用摇扇子的人来控制抢板斧的人。吴用说："铁牛啊，这样吧，我跟着宋头领，你跟着燕青，咱们几个人再到山下去。让人家现场辨认，是的话，你抢大斧子把他剁了，我没意见。要不是呢？"李逵说："要不是，我把黑脑袋切下来给你。"

这是让他自己说，我们别说。他自己说，以后还有可改的余地，如果我们说了，以后就没改的余地了。他自己要是不说，就问他，"你的脑袋你会怎么处理？你那斧子往哪搁？"他要是说"我拿斧子把脑袋割下来",我们赶紧说:"好,这是你自己说的。"我们想要原谅他,就让他自己说处理意见,为的是留个活扣,将来好原谅他。李逵自己说"我要砍脑袋",吴用点点头:"行,那咱们走吧。"

下了山,到了老汉那儿,宋江往那儿一站,李逵瞅着老汉说:"你看看,这里面谁抢你闺女了?"

老汉说:"没有。"

李逵说:"你别怕。"

老汉说:"我不怕。"

李逵说:"那你就说实话。"

老汉说:"我说的是实话。"

李逵说:"谁抢你闺女了?"

老汉说:"真没有。"

李逵说:"这个可以有。"

老汉说:"这个真没有。"

在这时候,周围所有的人都以为宋江要当场跟李逵较真。没想到宋江点点头,一句话没说,转身上马就走了。

这又是宋江的高明之处——内部矛盾不展示给外人,绝不当着外人的面,为自己和手下人去争辩。若是当着那么多庄上百姓的面,说:"铁牛,你糊涂啊!你怎么以为我会抢人家闺女啊?我的作风怎么可能有问题呢?"你的名声就败了。看热闹的人会说:"你看他们队伍自己斗殴了,为抢一个姑娘,说不定谁抢了。"风言风语伤害人啊,我们不能当着外人展示内部矛盾,尤其是这个内部矛盾指向了领

153

导个人的作风、人品、生活方式的时候，绝不能当着外人争辩，否则好话也变成坏话了。所以宋江说"回山再说"，转身就走了。"回山再说"，这四个字就特别高明。

你看，高明的夫妻是什么样的？丈夫往那儿一坐，说："我老婆对我特别好，我对她爱答不理，回家，我们家搓衣板都是她跪，我们家剩饭都是她吃，她敢不刷碗，明天我不给她饭吃。我们家我是大王。"他老婆一乐，"咱俩回家再说"。这叫高明啊！自己人吵架不给外人看，吵给外人看，有理没理你都不好，你得学会"回山再说""回家再说""回公司再说"。

水浒全传

宋江他们都走了，剩下李逵了，李逵瞅瞅燕青说："小乙啊，你帮我个忙吧，我的斧子都磨快了，挺锋利的，你把我脑袋砍下来吧！切口整齐一点儿，砍得漂亮一点儿，然后你去交给公明哥哥，我没脸回山了。"燕青乐了，说："你不用这样，公明哥哥又没说让你砍脑袋，你砍脑袋不是自己说的吗？公明哥哥没说杀你，你只要真心向公明哥哥认错就行了。"

后来就有了黑旋风负荆请罪那一折。假如你是一个跟领导很有感情的人，你在一件事情上犯了重大错误，领导当场没有说你，也没有骂你，也没有定条款，你面对那么大的错误，怎么办？办法很简单，使用一个真诚的略带喜剧效果的方式，表达你的悔罪之心。这种方式最好很经典、有意思，甚至略显弱智，才能表现你的真诚。

水浒歪传

李逵光着大膀子，露着一身黑肉，背了一根荆条，傻傻地上山了。"哥哥我错了，我真错了！千错万错都是我一个人的错，你把我剁成肉馅吧，把我做成包子、饺子、馄饨吧！都行，你剁死我吧！"说完之后，大家哄堂大笑，这叫喜剧效果。假如领导乐了，说明领导原谅你了。为了逗宋江乐，李逵在那装傻、装憨、装笨，在那跳草裙舞，背着荆条来回转，宋江"扑哧"乐了："你这个铁牛啊！我真跟你没话说。"李逵扑通跪下了，说："哥哥，我真错了。"当领导乐的时候，你该掉个眼泪，表示真诚的痛苦。李逵那大眼泪珠子"吧嗒"掉下来一个，谁知道是挤的眼药水还是抹的唾沫，反正是出了一点儿水，"哥哥，我错了"。宋江最后说："错了是错了，可不能这么过去，我个人原谅你了，可是你得给公司的制度一个交代，将来别人再砍大旗怎么办？这样吧，你自己写个检查，然后把大旗立起来。明天早上升旗的时候，你在旗杆下先做检查，深刻反省，好不好？"

第二天，李逵在旗杆下做检查，梁山好汉都围着看。做完检查之后，宋江说："来，把检查拿过来。"看了看，"你这检查没签字吧？"李逵签了个字。宋江回头跟"铁面孔目"裴宣说："这个存档，下次再犯错误，杀他个二罪归一。另外复印一份给我拿着，我要随时教育他。"

第四，牵制策略。就是让当事人写检查，这很重要！我们的原则是，老员工犯错误，写情况说明；新员工有问题，要写检查。他写一遍能触动他的灵魂，他念一遍能让他自己知道丢人。更重要的是，他不管怎么表态的，事后他不承认了，三年以后他忘了，五年以后其他人忘了，十年以后你也忘了，他又继续我行我素了，怎么办？假如过了几年，他说："我没写检查，当时是你跪下求我，我才饶了你的，你空口说白话，没有对证啊！"所以，写检查，既是口实，也是依据。我要看得上你，检查搁一边，不理了，这一篇翻过去，你要再闹事，我掏出检查，随时随地收拾你。从正面来讲，要让他写情况说明，写检查，而且得签字，要手写，这样才好管理。从反面来讲，大家记住，如果是一般性的错误，声泪俱下、磕个头都可以，千万别随便写检查呀！落实到文字上就翻不了身了。

我们把这一套处理冲突的策略总结成四条：来跟你闹事的员工就好像一头发怒的牛，先回避它，叫控牛；再控制住它，听原因，叫圈牛；痛心、责备、指点、启发、引导它，叫牵牛；拴住它，让它当众写检查，自我承诺怎么改正，把检查攥在手里，检查就是一根缰绳，这叫拴牛。

通过这四招，你可以把总拍桌子、瞪眼睛的员工，管得死死的。管住了李逵，宋江的队伍丰满了，就可以闯天下做大事了。

第五章

出师未捷身先死

梁山公司的接班人问题

水泊梁山的几个领导，很有意思。晁盖与宋江，一个是不到位，一个是越位。还有一个错位的领导，就是第一代领导人——"白衣秀士"王伦。晁盖是被自己的不到位给挤对死的；王伦是被自己的错位给折磨死的。

错位的王伦：庸人能否当领导

在他们身上，我们都能看到一些很典型的领导艺术。王伦在当领导上，他是怎样错位的？他与宋江、晁盖，在领导方法上，有什么不一样呢？

宋江是一个越位的二把手，后来变成了一个尴尬的一把手。但是宋江有策略，弥合了这个尴尬。王伦是一个错位的一把手。换句话说，他从来就没有想清楚，一把手应该坐在什么样的位置上。

我小时候看过一本连环画，叫《火并王伦》。那时候小，又不懂，看着这"火并"的"并"字有点像"饼"，就以为是烧饼的一种。后来就问周围的人，才知道火并就是"自己人整死自己人"，是窝里斗。

王伦这个领导，怎么混到被自己人整死的分儿上呢？没有功劳，还有苦劳；没有苦劳，还有疲劳；没有感动，总有感情；没有感情，总有感想吧？对于王伦，我总是打着一个问号。后来我用管理学、心理学方法分析一下，发现王伦真得死，不死不行。他真是自己混到死路上去的，因为他坐在不该坐的位置上。

无才无德，死得很惨

王伦很狭隘，他不懂领导应该怎么当，但是偏偏要用很多不正规的手段守住自己的位置。人做大事要有正道，用正道守住自己的位置、守住富贵。你越正，守得越好。但如果不用正道，你可以守住一时，不能守住一世，总有一天会出事的。王伦具体错在哪？

第一，错在选庸人以提升自己。

《水浒》第10回《朱贵水亭施号箭　林冲雪夜上梁山》，这是非常著名的一回。但是在这一回里，我们对于林冲本人的关注并不多，而是关注了林冲和另一个好汉王伦之间的交往。

水浒歪传

林冲上梁山了，找到了王伦，抛出了梁山公司的主要赞助商柴大官人的一封推荐信。王伦一看：赫！这是赞助商指定的人，是赞助商圈定的人，那一定得要。所以王伦跟林冲说："贤弟呀，你就到梁山来，我们公司要你了。"结果俩人就喝酒压惊，周围所有员工都在，酒席宴间，王伦对林冲说："你把你过去的大概背景给我介绍一下。"于是林冲就开始介绍自己的过去。

大家记住，对心胸狭隘又有点自卑的领导，千万不要夸耀自己的过去，你会让他心里害怕。林冲没有想到王伦的心胸是这样的，所以就开始展示自己过去的经历、才华。听到八十万禁军教头这一职务的时候，王伦倒吸了一口冷气。

王伦这时采取的策略就是教育林冲，"你这样的人才可不能做强盗啊，你就放弃做强盗的念头吧！"这样王伦自己也避免了被林冲抢去风头。

王伦说："我是个什么人？不及第的秀才。我找了俩面瓜，一个'摸着天'杜迁，一个'云里金刚'宋万。这俩面瓜和我一起上梁山了……"

这俩人为什么"面"？你听听他们的外号，"摸着天"，个高能摸着天；"云里金刚"，往这一坐，云从脖子位置过。这两条好汉，最主要的特征是个儿高、块儿大，除此之外没别的能耐。王伦想："我带这样的平庸之辈，还能带。可是林冲，好武艺，好身手，名满天下，他要上了梁山，他能不跟我斗？明着不斗，暗里也得斗。要是真的跟我斗了，肯定要整死我。跟他在一起，我不安全。我不能带比我强的下属。"

狭隘的领导都有这种想法：自己应该成为公司里面专业能力最强、水平最高的，绝不让任何人超过我。很多团队领导都有这种想法。假如你这样想的话，就会落到王伦的下场，会被自己的狭隘给掐死。

领导就要像宋江那样，像刘邦那样，通过良好的待遇政策和激励政策，通过给理想、给实惠，调动比你强的专家、人才给你干工作。一个领导者的水平，不在于他干了什么事，而在于他通过什么人来干事；不看他有什么能力，而看他有什么能人。他再有能力，没有能人，也不是好的领导。就算没有一点能力，但是手下有一堆能人，那也是好领导。

"我一定要选比自己差的，以显得自己很强"，本着这种想法，王伦跟林冲说："林教头，山寨最近房屋紧缺，粮米不足，容不得你这个大英雄，要不然你到别处高就？"林冲妻离子散，家破人亡，没地方可去，所以林冲就放下脸来求王伦。后来王伦想，我要是再推，就不好意思了，我给他设一个坎儿。王伦说："那你给我取一个投名状来，就是到山下，找一无辜的过路人，把他脑袋切下来。交了之后，我就留下你。"让大英雄去做这事情，他以为林冲做不下来，但他没想到，林冲逼急了也是可以做出来这种事的。

第二，错在人为制造内耗，刻意增加自己的权力。

林冲带着刀下山了，碰到了另一个人，也是一样在江湖上游荡，无家可归的人，"青面兽"杨志。林冲跟杨志一动手，王伦的小聪明犯起来了，王伦心想，"一个老虎难管，两个老虎好管，一群老虎可以像猪一样管。我把杨志也整上山来，让他们俩没事掐架，我再从中调停，这样我既有了空间，又有了权力"。从王伦这个小聪明，我们看到了狭隘领导的第二个错误——人为制造内耗，刻意增加自己的权力。

王伦狭隘，并不是性格狭隘，而是因为他在领导的位置上没有解决一个重大的理念问题：一个专长不突出、专业能力不强的普通人，怎样去领导比自己强的人，比自己厉害的人，比自己本事大的人。专业或专业能力不强，到底能不能当领导？比下属差一点，到底能不能当领导？庸人能不能领导能人？

这个问题在现代团队管理当中，是被人认真考虑过的。现代团队管理认为权力有两类：一类叫职位权力，是上级给你的奖罚资源；另一类叫个人权力。个人权力，第一，看本事；第二，看人品、看风格。王伦本事不大没关系，只要人品和为人处世的风格到位了，一样可以当领导。现代团队管理把这种权力称为参照权，又叫标杆权。你只要人品很棒，为人处世很到位，就算专长差一点，照样能当领导。比如宋江，论武功，估计还没有王伦高，文化水平也没有王伦高。但宋江解决这个问题了，宋江不靠专长，靠人品、靠付出、靠风格。所以本事高的人追随本事低的人是可能的，只要本事低的人参照权到位就可以了。

参照权的核心有两个关键词：第一个关键词是奉献或者付出。为公司、为团队、为下属，带着队伍，幸福一支队伍。你要这样做，大家就服从你。第二个关键词是性格和信念。你要有坚强的性格、坚定的信念，下属也愿意跟着你。

有一次，恺撒带着舰队过地中海回罗马。舰队走到一半的时候碰到了黑风暴，昏天黑地。水手们传说，碰到了这种风暴，没人能活下

来。所以，整个舰队都慌了，包括恺撒的旗舰。水手们都抢夺救生工具，准备逃生。关键时刻，恺撒从容不迫地从指挥舱走到船头，一直走到整个船头最靠前的位置。恺撒往那儿一站，单手抓着缆绳，回头从容地跟船上的水手说："弟兄们，你们跟我在一条船上，你们算有福了。告诉各位，有我恺撒站在这儿，天神也不敢动我们。现在我就站这儿，我没事，你们肯定都没事，大家别慌。"

这帮当兵的觉得皇帝站那儿都没事，咱们怕什么？于是旗舰上安静了，大家该干什么干什么。形势稳定了，风暴紧跟着铺天盖地就来了，在海上肆虐了一个多小时。等风暴过后，整个海上只有旗舰孤零零地在那儿停着，其他的舰船都被拍碎了，到处是尸体、货物、破船帆、烂船板。一些幸存的人被旗舰上的水手打捞上船，他们发现整个旗舰毫发无损，连个受伤的人都没有。这些幸存者在甲板上列阵，高呼"恺撒万岁"，说："咱们皇帝真牛。真是天神都不敢动他，咱们以后就跟他干了。"

后世的领导艺术专家，就在探讨一个问题：说到底是什么力量救了恺撒的旗舰？难道真的是天神不敢动他吗？

世上根本就没有天神，却有神力。精神的力量叫神力，拜神拜的其实是你自己。实际上黑风暴来的时候，只要划桨的努力划，调帆的及时调，掌舵的认真掌，是有机会冲出风暴的。但可怕的是，风暴太吓人了，整个队伍产生了混乱，划桨的不划了，掌舵的不掌了，调帆的手忙脚乱了，所以船队就崩溃了。很多人不是被困难打败的，是被困难带来的恐慌和混乱打败的。困难不可怕，困难带来的局势失控才可怕。

但是很多人面临危险的时候，没有这样的信念，作为领导就得在关键时刻站出来，站在最核心、最可怕、最危险的位置，然后通过自己从容不迫的形象，向大家输出这个信念。恺撒为什么能救旗舰上的水手？因为恺撒在关键时刻做了信念标杆。通过自己的行动，让这帮人相信真的没事，只要大家相信真的没事，就会真的没事。

这就是参照权，领导是要用形象来说话的。形象就是领导力，形象就是影响力，形象就是说服力。

领导是靠个人形象来带动一群人的，大家需要你勇敢，你就得勇敢；大家需要你不怕，你就得不怕。你真不怕，那你叫本色领导；你说你有点怕，那你叫勇敢；你说你真害怕，没关系，那你就装不怕，这叫技巧领导。不管是真的还是装的，关键在于要拿出形象来，形象背后是什么东西另说。最可怕的是，既没本色，也没技巧，关键时刻还拿不出形象，那你就完了。

作为领导，没有一技之长，没关系，只要你有行为的示范权、标杆权就行。能跟大家分享，给大家实惠和理想；能在关键时刻展示信念，给大家信心和力量。王伦没想过这个问题，在王伦的世界中，他从来没想过一个领导可以这样当，而是紧紧抓住一条：我当领导，我就得比我的下属强，下属要是比较强，你给我收敛着，不能表现出来。

他习惯于这种思维模式，但这种思维模式给他带来灾难性的结果——下属不服，下属不忿。最后，林冲跳起来火并王伦，把王伦给捅死了。理念决定管理的高度，胸怀决定管理的深度，对关键问题的掌控能决定管理的持续度。有了这些，你不懂专业，还真能当领导。

作为领导，我没能力，可是我有能人；我不增长能力，可是我能增加能人；我不让能力跟着我，我能让能人跟着我，只要能人跟着我，我就不用能力跟着我。当领导的，不用自己做，但是你得知道谁会做，关键时刻让这会做的人给你做，比你自己做得还好。做大事是要有队伍的。

第三，错在不能跟下面的人一条心。

林冲自始至终跟王伦就不是一条心。林冲捅死王伦的时候，加上晁盖等七个人，无非才八个人。水泊梁山那么多的好汉，杜迁、宋万、朱贵等都在旁边看着。林冲把刀一横，这帮人一起把东西放下，跪在那儿就归顺了。王伦可怜，开公司那么久，干了那么多事，当了那么多年领导，发了那么多回工资，最后死了，连替他掉滴眼泪、叹口气的人都没有。这样的领导是可怜的，当得不到位，没有获得人心。

关于获得人心，《孙子兵法》上有一种说法，当领导要做到四个字，"上下同欲"。什么叫上下同欲？上是上级，下是下属，同是相同，欲是个人的动机。就是你想做的事情，也是员工们愿意做的事情。用员工们接受的指标来考核员工，用下属同意的方法来管理下属。这个观点在团队管理中，叫作把"我"变成"我们"。从"我"想到"我们"想，从"我"会到"我们"会，从"我"愿意到"我们"都愿意，然后咱们一起干，就能一条心了。团结就是力量，一条心才有力量。要想一条心，得靠日常的沟通和交流。假如你没有战略眼光，没有领导境界，没有个人的人品，勇敢、正直和信念你都没有，没关系。假如你有了日常的交往，就算你当不了领导，总不会死吧？

王伦所犯的错误中，如果得以改正，第一条和第二条保证了发展，第三条保证了安全。有那么多公司的领导从领导位置上被人给整下来了，也没死嘛。甚至有些领导最后不是公司还给了好待遇吗？因为他们虽然没才华、没本事，但是人品还算好，对大家都不错，即使被人拿下了，总不至于被整死吧？这就是上下同欲的好处，平时和下属搞好关系，时不时地找下属谈谈心，没有大恩总有点小惠吧。在这种情况下，就没人要把你整死，王伦这一点也没做到。

现在公司都重视执行力，执行力的提升，关键在做宣传发动工作，我们把"我愿意"叫谋划，把"咱们一起干"叫实施，从"我愿意"到"我们都愿意"叫宣传发动。大家不懂，不理解，不支持，你就得给他们解释，这就是现代团队管理中的科学性与可接受性的平衡。你再有想法，也得让大家接受；你想法再正确，大家不认可也不行。对于王伦来讲，他的可接受性做得不好。正确的事情都得让大家接受，何况是错误的事情？大家都没接受，就要去干，结果可想而知。

庸人当领导的四个出路

王伦了解了这些道理，虽然没长任何本事，但他能不能留在梁山当领导？可以，我们给他设计了几条出路：

第一条出路，是到华山、光明顶之类的地方拜师，练出绝世武功，这叫增长专家权。哪怕跟岳不群一样，采取点震撼性的手段，失去点什么都行。练成之后，再到梁山，把梁山前几名好汉都 PK 掉，那他照样可以当领导。但这条估计王伦做不到。

第二条出路，增长标杆权，像宋江那样使劲地付出，散尽万贯家财，让这个人进步，帮那个人成长，给这个人解决个人问题，给那个人解决家庭问题。用现代话说，自己花钱收买人心。这样给高层的人理想，给低层的人实惠，大家就会忽略他本事不高、能力不强的事实，他就可以守住领导的位子。但是王伦没钱，有钱也不愿意掏，那就只好走第三条路。

第三条出路，在梁山日常的管理当中，率先垂范，在梁山这个充满挑战性的地方，勇往直前，不怕死。一开会，把胸脯一亮，上面全是刀痕；后背一亮，全是箭伤。有了这样的勇敢信念，也可以守住位置。

第四条出路，上下同欲，学会做员工工作，积极跟员工交流，把自己的每一个想法都变成大家的意见。利用普通员工，我管不了中层，我管员工。员工支持我了，即使中层有人敢动我，我依靠普通员工也可以稳住位子。

可惜，王伦就只认一条，我打死也不离开一把手的位子。这叫没有金刚钻儿，非要揽瓷器活儿。所以，一个人升职好不好？这得分情况，不长本事就升职，这事不好。

中国古人有一句话叫"权胜才必有辱，威胜德必有祸"。前一句是说，你的权力要是大过你的才华，日常工作就会丢人。王伦就是这样丢人的。后一句是说，道德风范，人脉积累没有那么多，偏偏要摆那么大的谱，就要倒霉！王伦是先受辱，后倒霉。所以一个人先要自我成长，才能去做大事。王伦在这方面做得不好，于是他就丢了自己的性命。

不到位的晁盖：鸠占鹊巢的悲哀

晁盖的领导能力明显不如宋江，所以晁盖的队伍始终没有宋江的队伍那么壮大，发展也没宋江队伍那么快。从宋江上山以后，再上山的人很明显是冲着宋江来的，而不是冲着晁盖。但是，宋江是二把手，一个资源实力和管理境界都比一把手高的人，如何来当好二把手？宋江很高明，却没有跨越这个坎儿。宋江这个二把手当得就比较越位，而晁盖这个一把手当得就不到位，由于一把手不到位和二把手越位，于是两个人产生了巨大的冲突，虽然没有爆发出来，但是直接导致了班子的矛盾，造成了晁盖之死。晁盖为了解恨，在死的时候，坚决不把接班人的位子交给宋江。

有德无才，死得很快

究竟晁盖错在哪儿，宋江错在哪儿？这些矛盾和错误，对我们的团队有什么借鉴？你要是一个水平高的副职，怎样当好副职？这些矛盾应该怎么理解呢？

第一，错在让二把手管公司重大的人事安排。

宋江虽然是二把手，但真正"二"的是晁盖。晁盖的管理水平跟宋江比起来，还是有一定的欠缺。由于梁山公司的一把手和二把手，在个人能力上有一定的差距，所以就给梁山这个公司的内部埋下了危机。

冰冻三尺，非一日之寒，这个危机的爆发，不是说突然间就出事了，而是一点一点积累出来的。用老百姓的话，叫"皮裤套棉裤，必定有缘故"。

《水浒》第 39 回是《梁山泊好汉劫法场　白龙庙英雄小聚义》。这次白龙庙英雄聚义，可以说是宋江团队和晁盖团队的第一次融合。在这次融合的过程中，我们很明显地看到，梁山公司在创业之初，就已经出现了裂痕。

水浒歪传

宋江受黄文炳的陷害，被判成死罪，要砍脑袋。晁盖听说宋江要死了，梁山好汉全伙下山，就是七星聚义，再加上后来的"摸着天"杜迁、"云里金刚"宋万、"豹子头"林冲这些人一起，家都不要了，来救宋江。

晁盖以为："你看，我多够意思，我来帮你。"结果来了才发现，宋江根本就不用他帮，宋江自己有一拨员工，什么揭阳镇的、浔阳江的、清风山的、清风寨的，这一拨员工就已经把宋江给救了。于是两拨人马，兵合一处，将打一家，然后上梁山。

梁山公司突然之间来了这么多员工，晁盖就问宋江："贤弟呀，你来做这二把手。但是你看现在，我们公司的中层员工，有一拨是我招进来的人，还有一批是你招进来的人。你说咱俩招的这些人，座次怎么排呀？"

在这时候，宋江不经意之间，就表现出了自己的野心。宋江说："大哥呀，我给你一个建议，咱俩这样：在我宋某人上山之前，进咱们梁山公司的人，坐你这边；在我宋某人上山以后，到咱们梁山公司的人呢，坐我这边。"这句话实际上是在说："大哥，你招的人算你的，坐你这边；我招的人算我的，坐我这边。"

这是梁山公司两大阵营的第一次对立。但晁盖居然一点敏感性都没有，晁盖乐呵呵地说："贤弟呀，还是你有水平，有想法。行，咱们就这么排。"

这一排不要紧，差距出来了：晁盖这边一字排开，坐了十二条好汉；宋江那边一字排开，坐了二十八条好汉。换句话说，二把手到公司上任，从上班那一天开始，他的队伍就比一把手的大。

晁盖根本没想过这个问题。大家记住：作为公司的一把手，对人事问题，特别是中层以上级别的人事问题，要非常敏感。晁盖根本就没有这种敏感性，所以，晁盖犯的第一个重大的错误，是让二把手管重大的人事安排。

在《韩非子》当中，韩非子曾经说过："权借在外，祸乱始生。"一把手把权力交给二把手、三把手甚至外面来的顾问，就叫"权借在外"。权力一旦借给外人，就会对公司、对事业造成巨大的危机，这叫祸乱始生。

从一般团队管理的角度来讲，最重要的权力有两种：一是重大人事安排的决策权，二是日常管理工作中奖罚的制定权。这两种权力，前一种要攥住，后一种视情况，可以放下去再收回来。晁盖没有这个概念，直接把这事交给宋江了。宋江如鱼得水，从上梁山那一天开始，他就没把自己当成二把手，他是按照当一把手的方式来当二把手的。

第二，错在把公司里重大的外事活动和外部资源整合都交给二把手。

你看《水浒》中，从第39回到第57回，宋江可没闲着，都没怎么着家。宋江干什么去了？去打仗：闹江州、三打祝家庄、大破高唐州、大破连环马、三山聚义打青州……一仗又一仗地打。

结果打仗的过程中，有了钱，有了粮，积累了名声。更重要的，打一仗带出一支队伍，打一仗招聘一拨人，打一仗提拔一批人。什么二龙山、清风山、白虎山的，这些人一拨一拨都来了，都是奔宋江来的！这帮人奔着宋江的大旗、奔着宋江的待遇、奔着宋江给的安排，"噜噜噜"都上梁山了。按照原有的公司规则，这些人来了之后，继续坐在宋江下边。梁山再开会，晁盖这边依然是十二个人；宋江那边的人，屋里都已经装不下了，都坐到院里去了。

晁盖居然还没有危机感，可见这个人糊涂。他犯了当一把手的第二个错误，把公司里重大的外事活动和外部资源整合都交给二把手，而且让二把手以个人名义，做公司战略。这事，往小了说，是对个人不负责任；往大了说，是对事业不负责任。晁盖没感觉，结果宋江名满天下，整个江湖提起水泊梁山，想的是宋江，都没人想过公司还有晁盖的事了。

第三，错在一把手在一人一事上，跟二把手争短长。

有一件事，极大地刺激了晁盖的自尊心，让晁盖决定改变现状。这件事直接和梁山的一条好汉有关系，此人叫"金毛犬"段景住。

水泊梁山一百零八条好汉的排位，有一个术语，叫"狗尾巴"，就是指排名最后的"金毛犬"。为什么把他排在最后？从政治上来讲，是因为这个人的出场直接导致了晁盖的阵亡，导致了梁山公司高层的危机。段景住是梁山公司危机爆发的导火索，一根火柴点燃了一栋大楼，所以把他排后边。

这事给我们一种提示：在职务安排当中，那种导致领导团队危机爆发的人，是不能往前排的。就算危机不是他造成的，却是他引发的，这种人属于地雷型人才、火柴型人才，把他排得靠前了，公司就会出问题。段景住这个人，根基又不深，能量又不大，他怎么引爆这场危机？

水浒全传

"金毛犬"段景住是北地的一个盗马贼，活动在北京周围一带。祖籍是河北涿州，那时候这个地方还属于辽国地界。段景住经历了辽国和金国两个政权的交替，专门做一件事：偷好马。辽国和金国都是马上民族，有好多好马。那时人没有汽车，就骑马，段景住用现在的话说，就是一个盗车贼。但他很高明，偷马跟偷汽车不一样：偷汽车你打着火，发动，汽车就跟着你走；马是认主人的，换了人，它不跟你走。段景住有一绝，就是能把马整得跟汽车一样，过来一牵马，保证能牵走。这种人叫作有马缘的人。

后来，段景住盗了金国太子的坐骑，叫照夜玉狮子。这是一匹宝马呀，盗来之后，段景住决定上梁山。到了梁山之后，碰见宋江了，段景住开始在那儿表态。你想，一个外来的人才，开了一辆宝马车上梁山了，准备送给咱们梁山公司老板，这场面是什么样的？

所有人都在，段景住说："我对梁山公司崇拜已久，对梁山大英雄佩服得五体投地，今天来我专门给大英雄准备了一件礼物，就是这匹马。我要送给我崇拜已久的梁山老大！"结果，晁盖把胸脯一挺。段景住回头瞅瞅宋江说："宋大英雄，我们整个江湖的人都特爱戴你呀。"就把这马送给宋江了。

晁盖的心里冰凉，再一看，宋江那边的人都热烈鼓掌，围着宋江说："宋哥哥，你应该得到这匹马。"晁盖这边的人都垂头丧气的，这时他突然发现：梁山已经不是当年的梁山了，也不是晁盖的梁山了，现在这公司姓宋，不姓晁了。晁盖有强烈的失落感。

但是，段景住又抛出了一句话："你们看，这匹马不是真马，是个样子，这马是普通马。真正的照夜玉狮子，我来的半路上被一个可恶的贼子——曾头市的史文恭抢去了。我们得打曾头市，夺回照夜玉狮子。宋哥哥，你三打祝家庄，大破连环马，让我特崇拜，我相信你也能灭掉曾头市。"宋江说："那没问题。"

宋江就要点兵去打曾头市。晁盖反思一下，他突然发现：自己最大的问题是让宋江主外，自己主内，自己当后勤部长，让宋江去做外事活动，整合资源。所以晁盖决定，在曾头市这个问题上，咬紧牙关，坚决不让宋江去，他亲自去。

于是晁盖犯了第三个错误：一把手在一人一事上，跟二把手争短长。就算你有理，也不必跟他咬着不放，争势不必争事，应该高姿态，应该有战略眼光。因为关键是在用人上面，你根本没必要在做事情上比二把手强。晁盖就以为，会做事，才有资格当一把手，其实得会用人才行。

到此为止我们发现，晁盖犯了三大基本错误：

第一，让二把手管重大人事安排；

第二，让二把手主外，一把手主内；

第三，在做事情上，跟二把手争一时之短长。

可见，晁盖是一个不到位的一把手。

一匹宝马引发的血案

晁盖打曾头市就出事了，这件事情是水泊梁山的第一号悬案，叫晁盖之死。

为什么说是悬案呢？里面有谜团：

晁盖要去打曾头市，宋江依然跟晁盖说："天王哥哥，你是山寨之主，不要轻动。还是小弟去打，小弟愿往！"晁盖一着急，把实话说出来了："贤弟呀，不是我要夺你的功劳……"

大家注意，这句话的表达方式，这种语气叫反向强化。当有一个人握着你的手说："老弟呀，咱俩这事不是钱的事。"我告诉你，这事就是钱的事。若是女生跟男生说："咱俩不成，真不是你长得太意外的问题。"其实就是你长得太意外的问题。这都是反向强化，不经意之间流露本心。

晁盖这句话的意思是：我就是要夺你的功劳！你这叫功高镇主、财大欺主、事大压主，再大一点，我就没了，我被你拿下了。那可不行，这事得我来。

宋江心想：没有金刚钻儿，揽不了瓷器活儿。你行吗？宋江想阻拦，又不好意思说"领导你不具备军事才能"，只能从其他角度讲。

晁盖急了，坚持要去。宋江苦劝不听，晁盖点齐五千人马，去打曾头市，这一下就把自己坑死了。

大家注意，宋江的军事才能：三打祝家庄是城市攻坚战；大破连环马是骑兵野战；三山聚义打青州是从游击战到阵地战再到运动战。宋江什么仗都打过，可以指挥十万人以上，而且马步军协同作战。晁盖呢？他指挥的最大一次战役，就是智劫生辰纲——一个很小规模的战斗，而且还没动武，是用欺骗手段解决的。

所以，晁盖会指挥野战吗？他根本不会，见那么多匹马在一起，他都不知道怎么办。晁盖没有带兵打仗的经验，也好办，带点过硬的军事将领就行了。可是晁盖谁都没带，就带五千人马去了。

大家想想，宋江有那么大的军事才能，每次打仗，一定要带一个过硬的参谋团队，而且要带作为总参谋的吴用。晁盖第一次上阵打野战，居然没带吴用！我们禁不住要问一个问题：是吴用自己不去，还是宋江不让去，或是他们俩合谋不去？这不是陷晁盖于死地吗？晁盖打曾头市，吴用一开始没跟着去，这事很值得怀疑。说轻了吴用是一不小心，说重了他是阴谋蓄意。这里边肯定有事，至少是两个人心有默契：吴用给个眼色，宋江一看到那眼色，就收到信号了。

等晁盖到了曾头市，没有任何野战经验，就仓促上阵，跟史文恭开打了。于是，第二个问题出来了：史文恭这人，大枪上的好汉，武功很高，在战场上，他是否会用冷箭就很值得怀疑。另外使用冷箭的时候，是否会在冷箭上刻自己的名字？而且那么多箭，专门就刻这一支，还用这支箭专门射敌人的头领？这又是一个疑问。再深入讲，这支箭是从正面来的，是从侧面来的，还是从后面来的？这也是个疑问。所以我们对晁盖之死画了很多问号。这事有很多人为的经意和不经意的因素。

水浒金传

晁盖中箭了，没死，带着伤、带着痛，回梁山了。晁盖痛苦啊：一是伤口痛，二是心痛。痛在哪儿？痛在：宋江你看看，你当二把手，每次上北京出差旅游，我是怎么给你安排的？商务车接站，直接住五星级酒店；白天旅游有人接，晚上休息有人给你捶腿；不管公事、私事，回来一张条子，我都给你报了。那我第一次打仗，你是怎么给我安排的？机场出门走错了，找不着接站的；到酒店说房间没订，明天再来，三更半夜顶着雨，在北京城找酒店，转得乱七八糟。你这算什么兄弟呀？职务上，你不够二把手的资格；感情上，你不够兄弟的情分。

晁盖真恨呢，但这些事又不好意思说出口：一把手不好意思说恨二把手。晁盖在那儿养病，心想：等我养好了病，我好好管管我这团队。正在养病的时候，宋江来了，探望晁盖。但是，宋江对晁盖身体上的事一点都没提，他跟晁天王说的是工作："晁盖哥哥呀，你看你伤成这样，梁山的事业还要继续呀，下一步的工作还得有人干呢。"你想想，领导刚躺在那儿，你就跟领导说，"下一步工作得有别人干"，这叫假设领导已经死了。

所以晁盖心想："怎么着，你觉得我会有三长两短？"晁盖没搭茬，宋江又跟紧了一步，步步紧逼，说："晁天王啊，我可听说了，那箭上有毒啊，这梁山的领导权、接班人，咱们得早定啊。"领导刚得病，你就说接班人的事，就等于逼着领导死啊，这哪是探病啊，是来催命。

晁盖"霍"地坐起来了，把箭拿出来"咔嚓"一折，最后咬牙切齿地说："梁山好汉，谁给我晁某人报了仇，谁活捉史文恭，谁就是梁山之主。"之后晁盖大叫一声死了。他叫给谁听？叫给宋江听，震慑一下他。

越位的宋江：机关算尽反误了前程

前面的文章做得那么足，铺垫做得那么充分，但是此时，宋江突然傻眼了。锅再大得顶着盖，脑袋再大得顶着帽子。脑袋比帽子大了，要箍你；锅比盖大了，要拍你。晁盖觉得：你再厉害，也是我下属，我就动用我的行政管理权，不让你当这接班人，你还真就当不上。但是，晁盖不能明摆着不让宋江当，晁盖来了个暗招，叫活捉史文恭。

史文恭是什么人？北宋年间，陕西有个老英雄周侗，那是使枪的祖宗呀。老英雄调教过几个大宋朝纵横天下的好汉："玉麒麟"卢俊义、"豹子头"林冲，还有就是鼎鼎大名的岳飞岳鹏举，此外还调教过史文恭。史文恭的手段跟这些英雄是一个层面上的。再看宋江什么样，喝醉酒捅死一个人，还是自己的情人，捅完了还跑了——朝自己人下刀子，还是女人。没别的本事，杀个鸡都哆嗦，还把自己手指头划破了。这样的人，你让他活捉史文恭？即便把史文恭打晕了，他都未必能活捉。

这就等于晁盖跟宋江说："老弟，你没戏，折腾半天，你等着吧。"宋江努力半天，还是落空了。不过后来，宋江利用和吴用的默契，做了一个局，又把这个位子争回来了。

晁盖是一个不到位的一把手，宋江是一个越位的二把手，他越得太多了。那么，宋江作为副职，他有什么错误呢？

一个合格的副职，应该是什么样的角色？有四句话，用来考察一个副总是否合格。

第一句，多做宣传工作。

你是二把手，当你出面主持工作的时候，有两个天然的责任：第一，宣传公司；第二，宣传领导。讲完公司和领导，剩下才是你要做的事情。让你宋江来参加会议，你不能一张嘴说"我宋江的观点是什么"，那就不合格。

作为二把手，领导找你说："老宋啊，我最近身体不好，你替我上台给员工们讲讲话吧。"那你来了，首先应该讲"根据公司战略和既定方针"；其次讲"按照我们董事长最近的安排和指示，我今天给大家讲几句"；再次讲"我们公司整个战略的布局"；最后讲"我还有几个个人补充的意见，供各位参考"。这样做，才是正确的二把手，既宣传公司，又宣传领导。宋江打的是自己的旗号，讲的是自己，张嘴是"我的梁山"。梁山不是他的，他却俨然以一把手自居，这就是越位。

第二句，少做组织工作。

前面说了，公司重大人事安排，应该交给一把手。宋江没交，不但没交，还主动把剩下的权力都抢过来了。四处安排自己的人，核心领导的招聘全都自己去，招来的人全都自己安排。在组织人事工作上，他手伸得太长。

领导常说，"把这事交给你了"，是把这"事"交给你了。既然没交给你"人"，只交给你"事"，你可以动事，但不能轻易动人。假如你要参与公司重大的人事安排，还得另题汇报，宋江这点上也越位了。

第三句，不做监察工作。

就是不给领导提意见，尤其不提反面意见。道理很简单：你是二把手，你给领导提反面意见，提对了你叫迫不及待，提错了你叫别有用心。

那你真有意见怎么办？要通过别人的口来提，这叫"位高而谏，以为有私"。位置太高的人给领导提意见，提对提错都说你有私心，这叫位置效应。让下边人来提，如果下边人实在不能提了，必须自己提，应该怎么办呢？

我们的原则是，当众提意见叫拆台，私下提意见叫补台，关起门民主，打开门集中。意思是说，提意见要关着门，在小场合，一对一地说，你是帮人家。假如开着门，在大场合，当着几百号人，拍桌子、瞪眼睛，给领导提意见，这叫拿着真理要挟领导。领导不低头，说明领导不支持真理；领导要低头，说明你比领导高明。这叫"承认了，就是无能；不承认，就是无耻。"所以即使你提的意见正确，但态度也是不对的，意见越正确，态度越有问题。宋江在这个环节上，也做得不到位。

第四句，常做后勤工作。

就是说，二把手有一个天然职责，关心一把手的个人生活。所以一个好的二把手，应该能当一把手的"半个老婆"。"你来忙工作，家里的事、公司的事、工作外的事……我来帮你干。家里人要看病，找不着大夫了，我帮你去找；买大白菜买不着了，我帮你去买；违章罚款了，我帮你去交。"二把手得有这个态度，得给一把手做好后勤工作，而不是让一把手给你做后勤工作。

宋江这四条都没做到，所以宋江是一个越位的二把手。一个越位的二把手，碰到了一个不到位的一把手，公司的领导班子就产生了矛盾。

做一个简单的总结，一个优秀的团队，一定要解决好开篇提到的三个基本问题：一是领导权确立问题；二是人事安排问题；三是公司团结及接班人问题。这三个问题，有一个鼓包冒泡，团队也没法朝前发展。

在解决这三个问题时，有一个总的原则，就是注意"分工协作，角色搭配"。

我们来看《西游记》中取经团队的角色搭配情况，他们的岗位职务是这样安排的：孙悟空在前面披荆斩棘，开拓领域，引导前进，基本上扮演的是市场营销部负责人的角色。沙和尚跑前跑后，管吃管喝，挑担子拿东西，扮演的是后勤负责人的角色。白龙马就是司机小帅哥，给领导解决交通问题。那么，你说猪八戒是什么职务？猪八戒的职务其实和他的个人特点有关系——能吃能喝，酒量大，通风报信儿，会讲段子，随时关注员工的思想动态向领导汇报，手里还有好几个美女的联系方式，猪八戒扮演的是总经理助理的角色。所以，这其中的职务安排很有特色，依据每个人的特点，都给安排了工作。一个团队当中，有的人是用能力工作，比如孙悟空；有的人是用资源工作，比如唐三藏；有的人是用身体工作，比如白龙马；还有的人是用生活方式工作，比如猪八戒。不同的人投入工作的东西是不同的，我们不必强求所有的人都投入同一种东西，真要那样的话，反而不利于工作。

孙悟空是什么角色？这种人叫作"吃本事饭的员工"。对孙悟空来说，"本领就是自由"。你要是团队中最有本事的那个人，那你可舒服了——可以拍桌子、瞪眼睛、给领导挑毛病、向上级汇报，可以辞职调到竞争对手那儿，过两天再回来，照样是大师兄。有本事的人发脾气，那叫个性；没本事敢发脾气，那叫找死。孙悟空有本事，有本事就可以有脾气。

猪八戒呢，没本事，但猪八戒不吃"本事饭"。猪八戒吃第二碗饭，叫"感情饭"。只要领导看顺眼，那日子好过极了。你有理由，领导相信你的理由；你没理由，领导替你找理由。

举个例子。话说唐三藏讲经，孙悟空、猪八戒哥俩都去听，听着听着犯困了，哥俩趴那儿都睡觉。唐三藏一看就急了，一拍桌子，把俩人都震醒了。这边就骂孙悟空："你这死猴子，一上课就睡觉！"那边就鼓励猪八戒："你看人家八戒，睡觉时间都上课。"只要领导待见，你怎么着都行。所以这叫"情感就是理由"。

孙悟空吃的叫"本事饭"，猪八戒吃的叫"感情饭"。那沙和尚傻眼了，讲本事不如孙悟空，打妖精打不过；讲感情不如猪八戒，领导看着不顺眼。所以，沙和尚在团队中面临的一个事业挑战就是："我吃哪碗饭？像我这种既没本事，又不顺眼，长得也不好，学历也很低，写字那么难看，什么都不会的员工，我怎样能跟着到西天修成正果？"

后来，沙和尚想清楚了。任何一个团队中，都离不开能干活儿的

190

人。我吃不了"本事饭"，吃不了"感情饭"，我可以吃"勤奋饭"。所以，沙和尚的宿舍里写的都是"态度决定执行""汗水中浇灌幸福"，你们不吃的我全吃，你们不愿意拿的我全拿，你们睡了我不睡，你们没起我先起，跑前跑后主动干，而且越干越兴奋。因为他发现，只要有活儿干我就有价值，只要有价值，就能修成正果，所以沙和尚越干越开心！我们认为，一个团队的员工，从被别人蹂躏到主动自虐，这是一种提升啊！他明白自己的出路在哪儿了。

那么回过头来讲，我们的团队中会不会有这样的问题——沙和尚那样的员工，非闹着要过孙悟空那样的生活，动不动就拍桌子、瞪眼睛，闹着要辞职？不可能！我们这个时代，有本事的人不好找，能吃苦受累的遍地都是。所以，沙和尚任劳任怨，他认同了自己的勤奋角色。汗水中有幸福，他知道要不吃这个苦，不流这个汗，就没有属于自己的幸福。所以，分工协作，角色搭配才是一个团队成功的关键所在。

《水浒》的写法是让英雄们依次出场，叙述其英雄故事，一直写到第70回，才聚齐一百零八条好汉。这些好汉聚齐后的第一件事就是排座次。

梁山的组织结构很有特色，它的职能和权力地位是分开的，座次实际上是权力等级，不是职能结构，排在前几位的是："及时雨"宋江、"玉麒麟"卢俊义、"智多星"吴用、"入云龙"公孙胜、"大刀"关胜、"豹子头"林冲……这种排法融入了家庭文化的味道，比如权力最大的宋江被称为"宋公明哥哥"，大小事都由他决定。排座次事件与我们前面提到的权力理论是一致的，权力分配既是组织一项重要的任务，也是组织结构的基础。梁山组织结构的特点是：地位是由座次决定的，职能则是由个人的特长决定的。

梁山职能分为临时职能和固定职能两部分。所有能战斗的头领分为马军、步军和水军三类，比如马军五虎上将"豹子头"林冲、"霹雳火"秦明、"双鞭"呼延灼、"大刀"关胜、"双枪将"董平；步军头领包括"黑旋风"李逵、"行者"武松、"花和尚"鲁智深等；水军统领是阮氏三雄等人。他们平时负责操练和统辖军队，战时则组成临时的任务组，采取点将的方式指派任务。一些日常的固定任务由负有专门特长的人执行。比如参谋用"智多星"吴用和"神机军师"朱武；文秘选的是"圣手书生"萧让，他字写得特别好，据说能模仿当时各家的字体；财务选的是"神算子"蒋敬，这个人打算盘很好；审判选了"铁面孔目"裴宣；管招待的是"笑面虎"朱富、"旱地忽律"朱贵；管交通的是"神行太保"戴宗；管仪仗的是特别魁伟的"险道神"郁保四；宰牛羊的事由"操刀鬼"曹正主管。梁山的固定职能都是根据人物特长来定的。整个梁山就是一个由权力、职能（包括固定职能和临时任务组）构成的完善的大型"企业"。

如果我们把梁山看成一个大公司，通过它的成长可以看到公司创业过程中的几件事：

第一，长本事。要在梁山公司中发挥作用，自己必须有一定的本事，没有特长就没有位置。

第二，交朋友。在长本事的过程中要交朋友，为将来一起合作建立信任基础，梁山公司里每人都有一系列的朋友。

第三，扯大旗。把所有人聚在一起排座次后，就要立一个纲领，建一个宗旨来增强号召力。

第四，拉队伍。这包括定结构、定职能、分配权力，不断扩大队伍、扩张势力，用梁山的专用语言讲，叫"入伙"。

第五，闯天下。有了队伍之后，组织要从外部得到资源，创建成果，才能保持稳定和发展。比如梁山打祝家庄、曾头市、大明府，闯东京，征辽国，征方腊，来实现组织的价值并保持组织的稳定发展。

第六，谋战略。梁山公司在这件事上是有一定问题的，梁山只反贪官不反皇帝，一旦招安把一切事情交给朝廷，任由人摆布，最后导致了悲惨的结局，可见它在谋战略方面是不成功的。

上述六件事情是有一定顺序的。比如长本事和交朋友的顺序就不能颠倒。交朋友融在长本事中，可以增进感情，并且可以确保朋友的层次和质量，能为事业打下基础；一定要有了朋友才能立起大旗，要是先立起大旗却没有朋友，那就人单势孤、后劲不足了。

从管理的角度看梁山的高层管理团队也很有特色。以宋江为核心的团队里面，有抡板斧的李逵，脾气较暴躁，好动粗，但他特别忠于宋江，好几次说到东京杀了皇帝让宋江坐天下，一旦有谁要反对宋江，他就会瞪起眼睛，是一个有勇气敢冲的角色；有摇扇子的军师吴用，他总是扮演幕后咨询出主意的角色，事情分析得很透彻，安排得也很好；有宋江自己，心软，有同情心，讲仁义，关心兄弟们的生活，名声在外；还有一些敢承担责任，关键时候敢于下手的，比如林冲、武松。所以梁山领导团队的角色分工很齐整，大事来时，有依靠个人魅力号召大家的，有出主意的，也有勇于冲锋的，而且一旦下属出问题也有扮黑脸的。简单概括起来就是有勇有谋，有德有力，这样的"四有"团队管理力量当然很强。

而作为领导的宋江，也有自己的一套带队伍的方法，概括起来，就是"三送"，送意义、送感情、送利益，也就是旗子上写着理想，嘴上讲着感情，手上给着实惠！用"三送"的方法，带"四有"的队伍，才有了梁山好汉英雄聚义，梁山事业蓬勃发展。这些团队管理经验，都是非常值得我们的企业家与管理者去学习和借鉴的。

附录　梁山一百零八位好汉的工作安排

梁山泊总兵都头领二员：

"及时雨"宋江　　"玉麒麟"卢俊义

掌管机密军师二员：

"智多星"吴用　　"入云龙"公孙胜

一同参赞军务头领：

"神机军师"朱武

掌管钱粮头领二员：

"小旋风"柴进　　"扑天雕"李应

马军五虎将五员：

"大刀"关胜　　　"豹子头"林冲

"霹雳火"秦明　　"双鞭"呼延灼

"双枪将"董平

马军八骠骑兼先锋使八员：

"小李广"花荣　　"金枪手"徐宁

"青面兽"杨志　　"急先锋"索超

"没羽箭"张清　　"美髯公"朱仝

"九纹龙"史进　　"没遮拦"穆弘

马军小彪将兼远探出哨头领一十六员：

"镇三山"黄信　　"病尉迟"孙立

"丑郡马"宣赞　　"井木犴"郝思文

"百胜将"韩滔　　"天目将"彭玘

"圣水将"单廷圭　　"神火将"魏定国

"摩云金翅"欧鹏　　"火眼狻猊"邓飞

"锦毛虎"燕顺　　"铁笛仙"马麟

"跳涧虎"陈达　　"白花蛇"杨春

"锦豹子"杨林　　"小霸王"周通

步军头领一十员：

"花和尚"鲁智深　"行者"武松

"赤发鬼"刘唐　　"插翅虎"雷横

"黑旋风"李逵　　"浪子"燕青

"病关索"杨雄　　"拼命三郎"石秀

"两头蛇"解珍　　"双尾蝎"解宝

步军将校一十七员：

"混世魔王"樊瑞　　"丧门神"鲍旭

"八臂哪吒"项充　　"飞天大圣"李衮

"病大虫"薛永　　"金眼彪"施恩

"小遮拦"穆春　　"打虎将"李忠

"白面郎君"郑天寿　"云里金刚"宋万

"摸着天"杜迁　　"出林龙"邹渊

"独角龙"邹润　　"花项虎"龚旺

"中箭虎"丁得孙　　"没面目"焦挺

"石将军"石勇

四寨水军头领八员：

"混江龙"李俊　　　　"船火儿"张横

"浪里白条"张顺　　　"立地太岁"阮小二

"短命二郎"阮小五　　"活阎罗"阮小七

"出洞蛟"童威　　　　"翻江蜃"童猛

四店打听声息，邀接来宾头领八员：

东山酒店

"小尉迟"孙新　　　　"母大虫"顾大嫂

西山酒店

"菜园子"张青　　　　"母夜叉"孙二娘

南山酒店

"旱地忽律"朱贵　　　"鬼脸儿"杜兴

北山酒店

"催命判官"李立　　　"活闪婆"王定六

总探声息头领一员：

"神行太保"戴宗

军中走报机密步军头领四员：

"铁叫子"乐和　　　　"鼓上蚤"时迁

"金毛犬"段景住　　　"白日鼠"白胜

守护中军马饶将二员：

"小温侯"吕方　　　　"赛仁贵"郭盛

守护中军步军饶将二员：

"毛头星"孔明　　"独火星"孔亮

专管行刑刽子二员：

"铁臂膊"蔡福　　"一枝花"蔡庆

专掌三军内探事马军头领二员：

"矮脚虎"王英　　"一丈青"扈三娘

掌管监造诸事头领一十六员：

行文走檄调兵遣将一员	"圣手书生"萧让
定功赏罚军政司一员	"铁面孔目"裴宣
考算钱粮支出纳入一员	"神算子"蒋敬
监造大小战船一员	"玉幡竿"孟康
专造一应兵符印信一员	"玉臂匠"金大坚
专造一应旗袍袄一员	"通臂猿"侯健
专治一应马匹兽医一员	"紫髯伯"皇甫端
专治诸疾内外科医士一员	"神医"安道全
监督打造一应军器铁筵一员	"金钱豹"汤隆
专造一应大小号炮一员	"轰天雷"凌振
起造修缉房舍一员	"青眼虎"李云
屠宰牛马猪羊牲口一员	"操刀鬼"曹正
排设筵宴一员	"铁扇子"宋清
监造供应一切酒醋一员	"笑面虎"朱富
监筑梁山泊一应城垣一员	"九尾龟"陶宗旺
专一把捧帅字旗一员	"险道神"郁保四